Maria Amélia do Rosário Santoro Franco

Pedagogia e prática docente

1ª edição
5ª reimpressão

*Este trabalho foi sendo construído à medida
que minha mãe se foi despedindo deste mundo.
A ela, professora de vida inteira, dedico este esforço!*

---

*Agradeço ao professor doutor Bernard Charlot
pela generosidade da escuta
e pela orientação cuidadosa, que produziram
sábias e necessárias contribuições ao trabalho.*

Sumário

Aos professores 9

Apresentação da coleção 11

Apresentação do livro 21

Introdução 27

Capítulo I A questão atual da Pedagogia: das utopias pedagógicas ao mal-estar da Pedagogia nas sociedades contemporâneas 35
    1. A construção histórica da subjetividade pedagógica 43
    2. Sócrates e a construção da subjetividade pedagógica: pai do ensino como diálogo? 44
    3. Comenius e a construção da subjetividade pedagógica: pai da Pedagogia moderna? 47
    4. Rousseau e a subjetividade pedagógica: pai da Pedagogia contemporânea? 51
    5. Pestalozzi-Dewey: remanescências na Pedagogia brasileira 58

Capítulo II Conversas com pedagogos contemporâneos 73
    1. Dermeval Saviani e o sentido de Pedagogia 76
    2. José Carlos Libâneo: a prática da Pedagogia 89

        2.1. A pedagogia crítico-social
            dos conteúdos (PCSC) 95
    3. Selma Garrido Pimenta:
        a teoria e a prática na educação 102
    4. Bernard Charlot: a pedagogia
        da relação com o saber 114
    5. Philippe Meirieu: Pedagogia
        entre o dizer e o fazer 128
    6. Perspectivas expostas no capítulo 141

CAPÍTULO III PRÁTICAS PEDAGÓGICAS NAS
MÚLTIPLAS REDES EDUCATIVAS 147
    1. Práticas pedagógicas 152
    2. Prática docente e prática pedagógica 159
    3. A Pedagogia e as práticas pedagógicas 165
    4. A prática educativa, a prática
        pedagógica e a prática docente............. 168
    5. Perspectivas 171

CAPÍTULO IV PESQUISA-AÇÃO: COMPREENDER
E TRANSFORMAR A PRÁTICA DOCENTE 173
    1. A pesquisa-ação 180
    2. A questão do professor pesquisador 183
        2.1. Inerência da pesquisa
            à prática docente 184
        2.2. A pesquisa transforma a prática? 190
    3. Processos pedagógicos
        da pesquisa-ação 193
        3.1. Construção da dinâmica do coletivo:
            a importância da justificativa da
            pesquisa e a construção coletiva
            do "nós" (o grupo) 193
        3.2. Ressignificação das espirais cíclicas 196

  3.3. Produção de conhecimento
    e socialização dos saberes 198
  3.4. Análise/redireção e avaliação
    das práticas 199
  3.5. Conscientização sobre as novas
    dinâmicas compreensivas 201
 4. Pesquisador ou docente? 203
 5. Algumas perspectivas 208

CONSIDERAÇÕES FINAIS 213

BIBLIOGRAFIA   225

AOS PROFESSORES

A **Cortez Editora** tem a satisfação de trazer ao público brasileiro, particularmente aos estudantes e profissionais da área educacional, a **Coleção Docência em Formação**, destinada a subsidiar a formação inicial de professores e a formação contínua daqueles que estão em exercício da docência.

Resultado de reflexões, pesquisas e experiências de vários professores especialistas de todo o Brasil, a Coleção propõe uma integração entre a produção acadêmica e o trabalho nas escolas. Configura um projeto inédito no mercado editorial brasileiro por abarcar a formação de professores para todos os níveis de escolaridade: **Educação Básica** (incluindo a **Educação Infantil**, o **Ensino Fundamental** e o **Ensino Médio**), a **Educação Superior**, a **Educação de Jovens e Adultos** e a **Educação Profissional**. Completa essa formação com as Problemáticas Transversais e com os Saberes Pedagógicos.

Com mais de 30 anos de experiência e reconhecimento, a Cortez Editora é uma referência no Brasil, nos demais países latino-americanos e em Portugal por causa da coerência de sua linha editorial e da atualidade dos temas que publica, especialmente na área da Educação, entre outras. É com orgulho e satisfação que lança a **Coleção Docência em Formação**, pois estamos convencidos de que se constitui em novo e valioso impulso e colaboração ao pensamento pedagógico e à valorização do trabalho dos professores na direção de uma escola melhor e mais comprometida com a mudança social.

José Xavier Cortez
Editor

APRESENTAÇÃO DA COLEÇÃO

A Coleção **Docência em Formação** tem por objetivo oferecer aos professores em processo de formação e aos que já atuam como profissionais da Educação subsídios formativos que levem em conta as novas diretrizes curriculares, buscando atender, de modo criativo e crítico, às transformações introduzidas no sistema nacional de ensino pela Lei de Diretrizes e Bases da Educação Nacional, de 1996. Sem desconhecer a importância desse documento como referência legal, a proposta desta Coleção identifica seus avanços e seus recuos e assume como compromisso maior buscar uma efetiva interferência na realidade educacional por meio do processo de ensino e de aprendizagem, núcleo básico do trabalho docente. Seu propósito é, pois, fornecer aos docentes e alunos das diversas modalidades dos cursos de formação de professores (licenciaturas) e aos docentes em exercício, livros de referência para sua preparação científica, técnica e pedagógica. Os livros contêm subsídios formativos relacionados ao campo dos saberes pedagógicos, bem como ao campo dos saberes relacionados aos conhecimentos especializados das áreas de formação profissional.

A proposta da Coleção parte de uma concepção orgânica e intencional de educação e de formação de seus profissionais, e com clareza do que se pretende formar para atuar no contexto da sociedade brasileira contemporânea, marcada por determinações históricas específicas.

Como bem mostram estudos e pesquisas recentes na área, os professores são profissionais essenciais nos processos de mudanças das sociedades. Se forem deixados à margem, as decisões pedagógicas e curriculares alheias, por mais interessantes que possam parecer, não se efetivam, não gerando efeitos sobre o social. Por isso, é preciso investir na formação e no desenvolvimento profissional dos professores.

Na sociedade contemporânea, as rápidas transformações no mundo do trabalho, o avanço tecnológico configurando a sociedade virtual e os meios de informação e comunicação incidem com bastante força na escola, aumentando os desafios para torná-la uma conquista democrática efetiva. Transformar as escolas em suas práticas e culturas tradicionais e burocráticas que, por intermédio da retenção e da evasão, acentuam a exclusão social, não é tarefa simples nem para poucos. O desafio é educar as crianças e os jovens propiciando-lhes um desenvolvimento humano, cultural, científico e tecnológico, de modo que adquiram condições para fazer frente às exigências do mundo contemporâneo. Tal objetivo exige esforço constante do coletivo da escola – diretores, professores, funcionários e pais de alunos – dos sindicatos, dos governantes e de outros grupos sociais organizados.

Não se ignora que esse desafio precisa ser prioritariamente enfrentado no campo das políticas públicas. Todavia, não é menos certo que os professores são profissionais essenciais na construção dessa nova escola. Nas últimas décadas, diferentes países realizaram grandes investimentos na área da formação e desenvolvimento profissional de professores visando essa finalidade. Os professores contribuem com seus saberes, seus valores, suas experiências nessa complexa tarefa de melhorar a qualidade social da escolarização.

Entendendo que a democratização do ensino passa pelos professores, por sua formação, por sua valorização profissional e por suas condições de trabalho, pesquisadores têm apontado para a importância do investimento no seu desenvolvimento profissional, que envolve formação inicial e continuada, articulada a um processo de valorização identitária e profissional dos professores. Identidade que é *epistemológica*, ou seja, que reconhece a docência como um *campo de conhecimentos específicos* configurados em quatro grandes conjuntos, a saber:

1. conteúdos das diversas áreas do saber e do ensino, ou seja, das ciências humanas e naturais, da cultura e das artes;
2. conteúdos didático-pedagógicos, diretamente relacionados ao campo da prática profissional;
3. conteúdos relacionados a saberes pedagógicos mais amplos do campo teórico da educação;
4. conteúdos ligados à explicitação do sentido da existência humana individual, com sensibilidade pessoal e social.

Vale ressaltar que identidade que é *profissional*, ou seja, a docência, constitui um campo específico de intervenção profissional na prática social. E, como tal, ele deve ser valorizado em seus salários e demais condições de exercício nas escolas.

O desenvolvimento profissional dos professores tem se constituído em objetivo de propostas educacionais que valorizam a sua formação não mais fundamentada na racionalidade técnica, que os considera como meros executores de decisões alheias, mas em uma perspectiva que reconhece sua capacidade de decidir. Ao confrontar suas ações cotidianas com as produções teóricas, impõe-se rever suas práticas e as teorias que as informam, pesquisando a prática e produzindo novos conhecimentos para a teoria e a prática de ensinar. Assim, as transformações das práticas docentes só se efetivam à medida que o professor *amplia sua consciência sobre a própria prática*, a de sala de aula e a da escola como um todo, o que pressupõe os conhecimentos teóricos e críticos sobre a realidade. Tais propostas enfatizam que os professores colaboram para transformar as escolas em termos de gestão, currículos, organização, projetos educacionais, formas de trabalho pedagógico. Reformas gestadas nas instituições, sem tomar os professores como parceiros/autores, não transformam a escola na direção da qualidade social. Em consequência, *valorizar o trabalho docente significa dotar os professores de perspectivas de análise que os ajudem a compreender os contextos históricos, sociais, culturais, organizacionais nos quais se dá sua atividade docente.*

Na sociedade brasileira contemporânea, novas exigências estão postas ao trabalho dos professores. No colapso das antigas certezas morais, cobra-se deles que cumpram funções da família e de outras instâncias sociais; que respondam à necessidade de afeto dos alunos; que resolvam os problemas da violência, das drogas e da indisciplina; que preparem melhor os alunos nos conteúdos das matemáticas, das ciências e da tecnologia tendo em vista colocá-los em melhores condições para enfrentarem a competitividade; que restaurem a importância dos conhecimentos na perda de credibilidade das certezas científicas; que sejam os regeneradores das culturas/identidades perdidas com as desigualdades/diferenças culturais; que gestionem as escolas com economia cada vez mais frugal; que trabalhem coletivamente em escolas com horários cada vez mais fragmentados. Em que pese a importância dessas demandas, não se pode exigir que os professores individualmente considerados façam frente a elas. Espera-se, sim, que coletivamente apontem caminhos institucionais ao seu enfrentamento.

É nesse contexto complexo, contraditório, carregado de conflitos de valor e de interpretações, que se faz necessário ressignificar a identidade do professor. O ensino, atividade característica do professor, é uma prática social complexa, carregada de conflitos de valor e que exige opções éticas e políticas. Ser professor requer saberes e conhecimentos científicos, pedagógicos, educacionais, sensibilidade da experiência, indagação teórica e criatividade para fazer frente às situações únicas, ambíguas, incertas, conflitivas e, por vezes, violentas, das situações de ensino, nos contextos escolares e não escolares. É da natureza da atividade docente proceder à mediação reflexiva e crítica entre as transformações sociais concretas e a formação humana dos alunos, questionando os modos de pensar, sentir, agir e de produzir e distribuir conhecimentos na sociedade.

Problematizando e analisando as situações da prática social de ensinar, o professor incorpora o conhecimento elaborado, das ciências, das artes, da filosofia, da pedagogia e das ciências da educação, como ferramentas para a compreensão e proposição do real.

A Coleção investe, pois, na perspectiva que valoriza a capacidade de decidir dos professores. Assim, discutir os temas que perpassam seu cotidiano nas escolas – projeto pedagógico, autonomia, identidade e profissionalidade dos professores, violência, cultura, religiosidade, a importância do conhecimento e da informação na sociedade contemporânea, a ação coletiva e interdisciplinar, as questões de gênero, o papel do sindicato na formação, entre outros –, articulados aos contextos institucionais, às políticas públicas e confrontados com experiências de outros contextos escolares e com as teorias, é o caminho a que a Coleção **Docência em Formação** se propõe.

Os livros que a compõem apresentam um tratamento teórico-metodológico pautado em três premissas: há uma estreita vinculação entre os conteúdos científicos e os pedagógicos; o conhecimento se produz de forma construtiva e existe uma íntima articulação entre teoria e prática.

Assim, de um lado, impõe-se considerar que a atividade profissional de todo professor possui uma natureza pedagógica, isto é, vincula-se a objetivos educativos de formação humana e a processos metodológicos e organizacionais de transmissão e apropriação de saberes e modos de ação. O trabalho docente está impregnado de intencionalidade, pois visa a formação humana por meio de conteúdos e habilidades de pensamento e ação, implicando escolhas, valores, compromissos éticos. O que significa introduzir objetivos explícitos de natureza conceitual, procedimental e valorativa em relação aos conteúdos da matéria que se ensina; transformar o saber científico ou tecnológico em conteúdos formativos; selecionar e organizar conteúdos de acordo com critérios lógicos e psicológicos em função das características dos alunos e das finalidades do ensino; utilizar métodos e procedimentos de ensino específicos inserindo-se em uma estrutura organizacional em que participa das decisões e das ações coletivas. Por isso, para ensinar, o professor necessita de conhecimentos e práticas que ultrapassem o campo de sua especialidade.

De outro ponto de vista, é preciso levar em conta que todo conteúdo de saber é resultado de um processo de construção de conhecimento. Por isso, dominar conhecimentos não se refere apenas à apropriação de dados objetivos pré-elaborados, produtos prontos do saber acumulado. Mais do que dominar os produtos, interessa que os alunos compreendam que estes são resultantes de um processo de investigação humana. Assim, trabalhar o conhecimento no processo formativo dos alunos significa proceder à mediação entre os significados do saber no mundo atual e aqueles dos contextos nos quais foram produzidos. Significa explicitar os nexos entre a atividade de pesquisa e seus resultados, portanto, instrumentalizar os alunos no próprio processo de pesquisar.

Na formação de professores, os currículos devem configurar a pesquisa como *princípio cognitivo*, investigando com os alunos a realidade escolar, desenvolvendo neles essa atitude investigativa em suas atividades profissionais e assim configurando a pesquisa também como *princípio formativo* na docência.

Além disso, é no âmbito do processo educativo que mais íntima se afirma a relação entre a teoria e a prática. Em sua essência, a educação é uma prática, mas uma prática intrinsecamente intencionalizada pela teoria. Decorre dessa condição a atribuição de um lugar central ao estágio, no processo da formação do professor. Entendendo que o estágio é constituinte de todas as disciplinas percorrendo o processo formativo desde seu início, os livros da Coleção sugerem várias modalidades de articulação direta com as escolas e demais instâncias nas quais os professores atuarão, apresentando formas de estudo, análise e problematização dos saberes nelas praticados. O estágio também pode ser realizado como espaço de projetos interdisciplinares, ampliando a compreensão e o conhecimento da realidade profissional de ensinar. As experiências docentes dos alunos que já atuam no magistério, como também daqueles que participam da formação continuada, devem ser valorizadas como referências importantes para serem discutidas e refletidas nas aulas.

Considerando que a relação entre as instituições formadoras e as escolas pode se constituir em espaço de formação contínua para os professores das escolas assim como para os formadores, os livros sugerem a realização de projetos conjuntos entre ambas. Essa relação com o campo profissional poderá propiciar ao aluno em formação oportunidade para rever e aprimorar sua escolha pelo magistério.

Para subsidiar a formação inicial e continuada dos professores onde quer que se realizem: nos cursos de licenciatura, de pedagogia e de pós-graduação, em universidades, faculdades isoladas, centros universitários e Ensino Médio, a Coleção está estruturada nas seguintes séries:

Educação Infantil: profissionais de creche e pré--escola.

Ensino Fundamental: professores do 1º ao 5º ano e do 6º ao 9º ano.

Ensino Médio: professores do Ensino Médio.

Ensino Superior: professores do Ensino Superior.

Educação Profissional: professores do Ensino Médio e Superior Profissional.

Educação de Jovens e Adultos: professores de jovens e adultos em cursos especiais.

Saberes pedagógicos e formação de professores.

Problemáticas transversais e formação de professores.

Em síntese, a elaboração dos livros da Coleção pauta-se nas seguintes perspectivas: investir no conceito de *desenvolvimento profissional*, superando a visão dicotômica de formação inicial e de formação continuada; investir em sólida formação teórica nos campos que constituem os saberes da docência; considerar a formação voltada para a profissionalidade docente e para a construção da identidade de professor; tomar a pesquisa como componente essencial da/na formação; considerar a prática social concreta da educação como objeto de reflexão/formação ao longo do processo formativo; assumir a visão de totalidade do processo escolar/educacional em sua inserção no contexto sociocultural; valorizar a docência como atividade intelectual, crítica e reflexiva; considerar a ética como fator fundamental na formação e na atuação docente.

São Paulo, 21 de fevereiro de 2012
Selma Garrido Pimenta
Coordenadora

Apresentação do Livro

Apresentação do livro

O presente livro, fruto de pesquisa desenvolvida sob a supervisão do professor doutor Bernard Charlot, tem por finalidade investigar as possíveis contribuições da Pedagogia à prática docente. A questão norteadora da investigação foi: como a Pedagogia, ciência da educação, pode fundamentar a prática docente? Ou seja, o que a Pedagogia tem (ou teve) a dizer a respeito/a partir da prática docente?

Esta investigação dá continuidade a estudos e pesquisas que venho desenvolvendo sobre a epistemologia da Pedagogia e sobre a sua prática.

Desde 2007, tenho focado minhas investigações na prática docente, com o projeto intitulado *Observatório da prática docente: um espaço para compreensão/transformação da prática,* financiado pelo Conselho Nacional de Desenvolvimento Científico e Tecnológico (CNPQ). Esse projeto se encontra renovado, sob a denominação *Observatório da prática docente: um artefato investigativo para compreensão/transformação da prática docente.*

Nesse processo, adentrando na intimidade das práticas docentes, escutando e auscultando os protagonistas, fui cada vez mais me surpreendendo com as armadilhas e contradições com que se revestem as práticas pedagógicas no contexto escolar.

Constatei que os docentes procuram blindar-se contra essas armadilhas do contexto escolar, calam-se e distanciam-se, evitando dialogar com as circunstâncias de seu espaço de trabalho. À medida que conseguem objetivar as suas práticas por meio de gravações, relatos ou depoimentos, vão, aos poucos, explicitando questões e fazendo perguntas, sentem-se encorajados quando estão juntos, estão sendo ouvidos e vistos e estão sendo parceiros. Percebem que a prática não é explícita, mas é obscura e precisa ser percebida, observada, reconstruída. Percebem que na prática se vão consolidando histórias e contextos, políticas e formação; e a percepção desse amálgama levou-me a considerar as práticas como "espaço de reverberação" das condições institucionais e políticas da escola.

Constatei que a objetivação da prática, em vista da interlocução crítica e da responsabilidade partilhada, cria condições para que o docente e o pesquisador se envolvam, numa perspectiva de parceria, na transformação e recriação da prática. Socializar e tornar públicas as práticas induz os docentes a perceber que a prática não é apenas uma responsabilidade pessoal de cada docente, mas um trabalho coletivo de pensar o contexto e recriar um modo de atuar sobre ele. Assim considerada, ela deixa de ser vista em sua dimensão meramente individual e passa a fundar-se numa dimensão pública/social/coletiva.

Constatei, também, que faz bem aos professores dialogar com as teorias pedagógicas que foram sendo tecidas pela história de nossos antepassados. Os professores sentem-se "abrigados na história" quando descobrem os caminhos que muitos pedagogos tentaram e propuseram para dar conta da necessidade inevitável de educar as novas gerações. Muitas ideias surgiram no decorrer da história; muitas propostas foram feitas, muitas formas de pensar a infância e a juventude; muitas maneiras de propor o ser docente, o estar docente.

O livro que apresento tem esta finalidade: buscar identificar as contribuições que a Pedagogia tem construído e como elas podem produzir sentido para a compreensão/transformação da prática docente.

A proposta feita por Bernard Charlot seria a produção de um livro assim denominado: *Pedagogia e prática docente*. Aqui está a obra, fruto de minhas vivências como pedagoga há mais de 40 anos e de nossas interlocuções no decorrer de 2011.

Profa. dra. Maria Amélia Santoro Franco

Introdução

Introdução

Há 40 anos estudo Pedagogia. Há 40 anos trabalho com Pedagogia. Há 40 anos acredito nas possibilidades de uma sociedade permeada pela razão pedagógica e entusiasmo-me com a perspectiva de antever os benefícios que adviriam à sociedade humana com a prática de tal razão.

Por todo este tempo tenho procurado compreender a construção e a pertinência da subjetividade pedagógica. De que fala o pedagógico? A quem ele fala?

Fiz a graduação/licenciatura em Pedagogia no final da década de 60 do século passado; no contexto político da ditadura brasileira e no ambiente emocional da geração de 1968, geração que podia/devia acreditar em utopias para uma sociedade brasileira mais democrática, mais justa, com melhor distribuição de oportunidades sociais ao povo.

Nesse período de formação inicial, a Pedagogia pareceu-me o instrumento político mais adequado para desencadear processos de transformação social. Nesse momento já era possível vislumbrar o novo, com perspectivas assentadas, especialmente o movimento de alfabetização de adultos desencadeado por Paulo Freire (1982; 1985; 2003; 2008), o que me enchia de esperança e crença nas possibilidades de humanização da sociedade. Seu trabalho sinalizava a possibilidade de buscar uma pedagogia genuinamente brasileira, politicamente engajada e comprometida com as causas populares.

Com essa perspectiva de base fui-me construindo pedagoga, tentando compreender a evolução histórica desta ciência, seus caminhos e descaminhos, buscando as razões do *mal-estar pedagógico* que vivemos nos dias atuais.

Falo da Pedagogia como ciência, de seu sentido construído historicamente, das teorias e práticas pedagógicas. Neste livro não vou discutir a questão do curso de Pedagogia, uma vez que não daria tempo de analisar as imensas dissonâncias que estão sendo construídas, neste momento brasileiro, entre a teoria pedagógica, suas práticas sociais e os cursos organizados para formar futuros pedagogos.

Uma das dissonâncias, no entanto, precisa ser evidenciada: os cursos de formação de pedagogos, a partir da legislação atual e por força desta, são obrigados a considerar que o pedagogo é o professor, ou de educação infantil ou de séries iniciais do ensino fundamental. Os estudiosos da ciência Pedagogia sabem que a similaridade professor-pedagogo não é correta. De modo geral, pode-se dizer que, ao professor, a tarefa prioritária é ensinar; já ao pedagogo, a tarefa primordial será a de discutir/refletir e organizar as condições para que o ensino possa realizar-se de maneira adequada, com alunos aprendendo, buscando o conhecimento, e com professores felizes e saudáveis.

Está certo que o professor, para formar-se, precisa dos conhecimentos da ciência pedagógica, fundamentos da docência, assim como precisa dos conhecimentos disciplinares daquilo que vai ensinar. O pedagogo precisará dos conhecimentos da ciência pedagógica, de

> Estou considerando que os saberes da experiência serão aprofundados pela mediação dos saberes pedagógicos em confronto com a prática cotidiana, tendo em vista a superação desta (FRANCO, 2005b).

aproximações com os conhecimentos disciplinares, buscando especialmente aprofundar-se nos mecanismos que permitem processos de transposição didática, a fim de poder trabalhar com o coletivo de professores e auxiliá-los na construção/avaliação/reconstrução de suas práticas docentes.

Pedagogo e professor são trabalhos próximos, devem estar articulados, mas a docência não se subsume à pedagogia nem esta àquela. Esse equívoco já foi bastante alardeado por pesquisadores brasileiros, no entanto, por motivos nem tão claros assim, os cursos de Pedagogia no Brasil constroem-se com a intencionalidade de formar o professor, utilizando-se do discurso de que forma o pedagogo também. O fato é que os legisladores que assim estruturaram as diretrizes para o curso demonstram desconhecer as diferenças e articulações entre a Pedagogia e a docência.

Cf. Libâneo (1996; 1998; 2002); Pimenta (1996; 1999; 2001); Franco (2001; 2003a; 2003b).

Em suma, pode-se dizer que todo professor deveria ser pedagogo, no sentido lato do termo, ou seja, pautar-se por conhecimentos pedagógicos na organização de sua prática. No entanto, nem todo pedagogo, no sentido estrito do termo, é ou precisa ser professor. Essa é uma questão muito complexa; mas tenho a convicção de que, sem os pedagogos na escola, esta fica sem condições de organizar o espaço pedagógico escolar.

Cf. Parecer CNE/CP nº 5/2005.

Também tenho a certeza de que os professores não conseguem trabalhar sem que haja esse substrato pedagógico tecendo as intenções coletivas na escola; sem uma esfera institucional, que chamo de *espaço pedagógico,* acompanhando o andamento do projeto político da escola e funcionando como instância crítica a mediar interesses e negociar com as esferas que dialogam continuamente com a escola (pais, comunidade, sistema escolar).

Tenho estudado a estrutura escolar em outras regiões do mundo e verifico que essa esfera, que chamam de intermediária e eu chamo de espaço pedagógico, se tem mostrado fundamental para o bom funcionamento das escolas. Como dizem os norte-americanos, é preciso um *rich staff nas escolas* para permitir ao professor ótimas condições de trabalho. Esse *espaço,* ou *staff,* ou *équipe pédagogique,* responsabiliza-se, na escola, por refletir sobre a educação que convém às crianças, sobre as formas de viabilizar essa formação, tratando e cuidando dos meios para concretizar tal finalidade. A ausência de um espaço de reflexão e crítica, marca definitiva do espaço pedagógico, compromete as relações democráticas na escola, o que impede o exercício crítico da educabilidade. Talvez essa ausência explique, em parte, por que nossas escolas têm tido tanta dificuldade em cumprir sua função social de educar e ensinar!

Saio das dissonâncias e retorno às matrizes de minha formação. Como disse antes, só posso considerar a Pedagogia como um espaço e um instrumento políticos. Por quê? Porque toda pedagogia, como prática social, implica uma intervenção no coletivo, a qual necessariamente ocorre para produzir uma direção de sentido. Toda intervenção no social deveria ser mediada pelas perguntas que garantem a eticidade dessa ação: a intervenção que propomos vai produzir transformações em que direção? Vai beneficiar a quem? Vai servir para quê? Para quem?

A Pedagogia como ciência procura compreender/ transformar/direcionar a prática educativa (FRANCO,

2005a). Assim, a Pedagogia organiza uma direção de sentido naqueles espaços onde a educação se realiza.

A educação em sentido lato é multidirecional, formada pelo conjunto de influências que se exercem sobre o sujeito. Tais influências são em todas as direções; como se diz comumente: *para o bem e para o mal!* Se não houver a direção de sentido, estabelecida pelo coletivo e significada pela Pedagogia, quem vai educar a criança? O acaso? Ou a influência mais forte? De alguma forma, é o que temos visto nas escolas: sem direção de sentido; os professores soltos, isolados, perdidos. Se há uma situação em que "uma andorinha sozinha não faz verão", é na escola. O coletivo é o motor da educação, e quem pode coletivizar a ação e dar-lhe direção de sentido é a Pedagogia.

Pretendo, neste livro, resgatar alguns dos sentidos construídos no processo histórico das reflexões e das práticas pedagógicas, os quais parecem, ainda hoje, ser relevantes para a Pedagogia. Estou chamando esse processo de compreensão de algumas *remanescências pedagógicas*: práticas, ideias que ainda fazem sentido, que ainda precisam ser ressignificadas e talvez possam revigorar a racionalidade pedagógica, a qual parece estar em franco declínio nos dias atuais!

Capítulo 1

A QUESTÃO ATUAL DA PEDAGOGIA: DAS UTOPIAS PEDAGÓGICAS AO MAL-ESTAR DA PEDAGOGIA NAS SOCIEDADES CONTEMPORÂNEAS

A questão atual da Pedagogia: das utopias pedagógicas ao mal-estar da Pedagogia nas sociedades contemporâneas

Processos educativos acompanham a história humana. Acontecem de formas variadas e em circunstâncias múltiplas. Sendo o homem um ser que nasce inacabado, ele se submete aos cuidados de outros, acolhe-se numa cultura e necessita inexoravelmente, tanto para sua sobrevivência como para a construção de sua subjetividade e de sua humanidade, de influências e processos educacionais.

Como afirma Charlot (2006, p. 15):

> *A educação é um triplo processo de humanização, socialização e entrada numa cultura, singularização–subjetivação. Educa-se um ser humano, o membro de uma sociedade e de uma cultura, um sujeito singular. Podemos prestar mais atenção a uma dimensão do que a outra, mas, na realidade do processo educacional, as três permanecem indissociáveis.*

Nesse triplo processo, a educação vai-se constituindo como intencionalidade; vai-se instituindo como artefato cultural e vai produzindo conhecimentos e saberes. Essas práticas/conhecimentos/ideias que buscam compreender/organizar e instituir/constituir a educação de uma sociedade são, normalmente, atribuídos à Pedagogia. Como bem expressa Saviani (2008, p. 3):

> [...] *a Pedagogia desenvolveu-se em íntima relação com a prática educativa, constituindo-se como teoria ou ciência dessa prática, sendo, em determinados contextos, identificada com o próprio modo intencional de realizar a educação.*

Passados tantos séculos, desde a antiga Grécia, pode-se afirmar que a Pedagogia construiu rico acervo de teorias, práticas, pensamentos e ideias sobre as formas de pensar, organizar e constituir a educação em determinada sociedade. Essa experiência e essa tradição não conseguiram, no entanto, encontrar a *fórmula mágica* da educabilidade humana. Tal realidade faz que muitos de nossos contemporâneos passem a considerar a Pedagogia ciência de pouco interesse, de menor necessidade, descartável até!

Contrariamente, entendo que é exatamente hoje, diante dos enormes problemas que a sociedade humana tem enfrentado, com base nas complexas dificuldades para incluir todos os seres humanos numa convivência frutífera e fraterna, com a perspectiva de enfrentar os grandes desafios que se apresentam à escola em face da revolução nos valores sociais, enfim, é hoje, mais do que nunca, que precisamos de ações pedagógicas, de valores educativos e de novos contornos para a socialização humana. Como escreve Meirieu (2010, p. 13):

> *Pois, se devêssemos ter um indicador do grau de democracia de uma nação, não seria impossível considerar a existência de debates pedagógicos e a existência de pedagogos que se interrogam sobre a formação que convém dar à criança e sobre o modo de chegar a isso, como indicadores particularmente significativos.*

Realmente, se olharmos a história da Pedagogia, vamos encontrar muitos subsídios para fomentar os debates pedagógicos. A construção da história da Pedagogia traz ideias e perspectivas que podem ainda fecundar novas e profícuas práticas. O debate atual poderá tornar-se fecundo por meio das reflexões que nos tenham precedido, todas que, algum dia, iluminaram nossos antepassados. De novo recorrendo a Meirieu (2010, p. 15):

> *Estou convencido de que nossos debates só podem tornar-se construtivos se nós os realizarmos com plena consciência daquilo que nos precedeu; soubermos superar a facilidade dos* slogans *e das modas; soubermos ver o que se esconde por trás desta ou daquela referência; soubermos identificar aquilo que, ao longo dos séculos, conseguiu reunir os humanos e torná-los ao mesmo tempo mais livres e mais felizes.*

Apesar dessa necessidade, pode-se perceber, aqui no Brasil, um grande mal-estar em relação à Pedagogia e a seus discursos. Um fato faz-se presente aos olhos de qualquer um: a escola não está conseguindo produzir as aprendizagens previstas; os professores têm dificuldade para ensinar; os legisladores não sabem o que solicitar; os currículos ainda não definiram o que ensinar; a sociedade titubeia em relação ao *para que* estudar!

Em entrevista que realizei com Meirieu em fevereiro de 2010, ele reafirmou esta ideia, identificando a necessidade urgente de um pacto social que permitisse, incentivasse debates mais frequentes e institucionalizados para refletir sobre as necessidades educativas das crianças de hoje e enfatizando que tais debates são marca da democracia e que seriam impossíveis em países/regimes totalitários.

E dados oficiais de avaliação, como os do Sistema de Avaliação de Rendimento Escolar do Estado de São Paulo (Saresp), do Exame Nacional do Ensino Médio (Enem) e do Programa Internacional de Avaliação de Alunos (Pisa), entre outros, reforçam o que se percebe!

Olhando a realidade das escolas, cogitando dos desafios que se apresentam à educação nos dias atuais, fico tentada a refletir sobre as bases epistemológicas da construção da subjetividade pedagógica, para assim poder analisar a ideia de que, neste início do século XXI, estamos presenciando, talvez, certo esgotamento dessa subjetividade. As práticas pedagógicas, construídas e buscadas historicamente, já não parecem produzir possibilidades de ensino ao professor nem de aprendizagem aos alunos; aliás, tais práticas já não parecem ser trabalhadas em processos de formação inicial de docentes.

Tenho observado a prática dos professores, no âmbito da pesquisa que desenvolvo há três anos (FRANCO, 2010a), e percebo a dificuldade de docentes em organizar uma prática que ensine os alunos. A impressão que fica é que a prática do professor é para ser exercida independentemente dos alunos e de sua aprendizagem. Ou, como se expressou a professora Leonilde, um dos sujeitos de minhas pesquisas, após sua aula de Psicologia, no curso de Pedagogia: *"Eu sempre dou aulas assim, dando de mim o melhor; se eles aprendem ou não, não é meu problema. Sei que metade da classe está com fones de ouvido fazendo outra coisa, mas isso é problema deles..."*

Nessas situações me pergunto sobre as possibilidades de a Pedagogia, como ciência, oferecer instrumentos teóricos e práticos que permitam ao professor construir ações que funcionem como mediações do ensino para a aprendizagem. As pesquisas de diferentes autores (SACRISTÁN, 1999; NÓVOA, 1999; CONTRERAS, 2002) realçam o que também tenho percebido em minhas pesquisas (FRANCO, 2005a,

2005b, 2005c; 2006a, 2006b; 2008; 2010a, 2010b), ou seja, a certeza de que o professor sozinho não consegue atuar. Ele precisa de condições institucionais que valorizem seus saberes, suas práticas; condições que teçam e organizem as intencionalidades coletivas; que incentivem inovações e reflexões sobre as finalidades da escola; que estruturem e socializem o projeto político-pedagógico. No entanto também percebo, em minhas visitas às escolas de ensino fundamental e instituições de ensino superior, que já não está tão claro assim esse papel da instituição na tessitura e no apoio do fazer docente. Como afirma Corea (2010, p. 90):

> *El problema es que no se produce, como efecto de las prácticas universitarias, la subjetividad del estudiante universitario. [...] Cuando pensamos no desfondamiento de las instituciones educativas, estamos pensando en el agotamiento de la capacidad de las instituciones para producir la subjetividad del que aprende y del que enseña.*

A autora refere-se à realidade argentina, mas o mesmo ocorre nas instituições brasileiras. A impressão que se tem é que a Pedagogia deixou de existir como fundamento para a construção do espaço/tempo de aprender. Sem essa vinculação, a Pedagogia perde seu sentido; ao mesmo tempo que, na ausência do fundamento pedagógico, a prática docente também carecerá de significado; alunos e professores, em processo de ensino, distantes da razão pedagógica, também se farão e se constituirão em torno de atividades que não constroem sentidos e não impulsionam para a participação.

Rémanance seria o sentido de permanência de um fenômeno mesmo após o desaparecimento das condições que o provocaram. Uma metáfora do conceito da física denominado permanência residual. Remanescências!

Pensando nessas questões, resolvi analisar a construção histórica e situacional da *subjetividade pedagógica* para abordá-la assim: como compomos ou compusemos nossa concepção de Pedagogia? Quais ingredientes históricos fizeram parte dessa composição? A resposta é impossível; no entanto, tenho-me empenhado em buscar alguns dados que subsidiem essa reflexão. O que seria uma "*razão pedagógica*"? Percebo muitos sentidos atribuídos à Pedagogia e já escrevi sobre isso (FRANCO; LIBÂNEO; PIMENTA, 2007, 2008a, 2008b), analisando diferentes formas de olhar a Pedagogia: como práticas, como curso ou como perspectiva teórico-epistemológica. Mesmo assim, ainda acho que vale a pena pensar sobre essa razão pedagógica que direciona e fundamenta os cursos, os discursos e as práticas pedagógicas ao longo da história. Tentando buscar caminhos para essa questão, vou lançar mão do conceito de *rémanance éducative,* proposto por Bugnard (2008) por ocasião do Simpósio Europe-Amériques: L'Éducation entre Héritages et Modernité, realizado em Waldersbach (França), Musée Oberlin, entre 23 e 30 de agosto de 2008. O autor propõe que a busca de nossa herança pedagógica não deve basear-se apenas na concepção de *grandes pedagogos, mas deve-se buscar também examinar essa herança sob o ângulo das forças que a constituíram, ou seja, mesclar essa herança com o sentido das práticas que interpretaram as influências dos grandes pedagogos.* Assim, de um modo ainda ensaístico, pretendo buscar alguns conceitos que, afirmados por grandes pedagogos, permanecem ainda como questões e perspectivas para identificar as possibilidades da Pedagogia de fundamentar a prática pedagógica.

1. A construção histórica da subjetividade pedagógica

Por ocasião da coleta de dados que subsidiou a construção do trabalho encomendado à Associação Nacional de Pós-Graduação e Pesquisa em Educação – Anped (Franco e Guarnieri, 2008), entrei em contato com pedagogas, professoras de Didática, nos cursos de licenciatura e, por meio desse procedimento, pude organizar um pouco de suas concepções sobre a Pedagogia como ciência da educação e as articulações que faziam para construir os projetos de curso da Didática. Na oportunidade, percebi que os professores recém-formados pouco estudaram, em seus cursos de formação, sobre a história universal da Pedagogia, mas todos diziam associar Sócrates a essa história e ter recebido, em seus cursos, informações sobre Comenius como o fundador da Didática. Professores com mais anos de formação sempre se referiam aos textos "clássicos" da Pedagogia e destacavam, além dos dois já citados, Platão, Rousseau e Pestalozzi, dentre outros mencionados esparsamente: Dewey, Piaget, Vigotsky e Emília Ferreiro.

As influências de pedagogos brasileiros, percebidas pelos entrevistados mais jovens, referiam-se a José Carlos Libâneo, Paulo Freire e Selma Garrido Pimenta; os que possuíam formação inicial havia mais tempo incluíam também Dermeval Saviani. Muitos professores citaram ainda Bernard Charlot (franco-brasileiro).

Considero que tais filósofos/pedagogos podem ter contribuído para a construção daquilo que estou denominando *subjetividade pedagógica,* ou seja, a forma pela

> No mesmo simpósio a que me referi anteriormente, tive a oportunidade de conversar com Michel Söetard e aprender com ele que Dewey foi aquele que mais retomou, explorou e difundiu a herança pestalozziana (SÖETARD, 2008).

qual se interpretou, nas práticas pedagógicas, o pensamento pedagógico brasileiro. Escolhi para este exercício reflexivo buscar em alguns desses filósofos/pedagogos, os mais citados por pedagogos brasileiros, algo que pudesse estar na raiz dessa subjetividade. Escolhi então Sócrates, Comenius, Rousseau e Pestalozzi/Dewey, para contemplar os clássicos, e, na perspectiva do pensamento pedagógico brasileiro, Libâneo, Saviani, Pimenta, Freire e Charlot. Acrescentarei posteriormente a influência atual de Philippe Meirieu para o pensamento pedagógico contemporâneo. Trago para este exercício reflexivo algumas ideias pedagógicas, propostas por filósofos/pedagogos, que parecem figurar como *remanescências pedagógicas*.

2. Sócrates e a construção da subjetividade pedagógica: pai do ensino como diálogo?

> *Sócrates nasceu em Atenas por volta de 469 a.C. Adquiriu a cultura tradicional dos homens de seu tempo; lutou nas guerras de Esparta e Tebas e tornou-se mestre aos 38 anos, depois de saber que o oráculo, no templo de Apolo, havia informado Querofonte, seu amigo, de que ele, Sócrates, era o homem mais sábio da Grécia. Quando já tinha 70 anos, foi condenado à morte, acusado de desrespeitar, com sua prática de diálogo, os deuses gregos e de corromper a juventude. Ingeriu cicuta e morreu em 399 a.C., rodeado de amigos e jovens, em meio ao desmoronamento ético-moral do império ateniense.*

Sócrates inicia a tradição educativa na Grécia ocidental, e nesta perspectiva pode-se dizer que ele trabalha com a crise cultural da época, bem como a realça. Pedagogicamente falando, Sócrates destaca o papel da aprendizagem e do sujeito aprendente. Repudia o método retórico dos sofistas, a imposição de um saber alheio às reflexões do sujeito; impõe-se pelo desejo ardente de aprender, conhecer-se a si mesmo e buscar a verdade. Pode-se dizer que leva às últimas consequências a proposta do diálogo como método de aprender. Ele dizia que o "ensino é sempre mais que o ensino", propondo talvez um princípio bastante caro à pedagogia contemporânea: não basta a transmissão de conhecimentos, sem os mecanismos de contrapartida do sujeito.

O método "pedagógico" de Sócrates é a maiêutica, uma arte dialogal que consiste em *discutir com o outro, deixá-lo expressar suas próprias ideias, fazendo-lhe, ao mesmo tempo, perguntas sobre o sentido e a definição das noções que utiliza* (GAUTHIER; TARDIF, 2010, p. 50). Pode-se até considerar que as perguntas de Sócrates serviam de instrumento de *desequilíbrio* aos alunos, talvez numa intenção e numa perspectiva que, embora apenas intuitivamente, se aproximavam da teoria proposta dois milênios depois por Piaget. Como pressuposto do método socrático está a intenção de fazer o sujeito aprender por si e pôr em movimento seus próprios mecanismos mentais, em um processo de busca da própria atividade mental, também um princípio caro à Pedagogia contemporânea. Outro pressuposto é que o conhecimento está dentro do próprio sujeito e cabe à razão buscar essa essência. Neste ponto, há grande diferença tanto para a teoria cognitivista de Jean Piaget quanto para os princípios de uma pedagogia da existência, que se contrapõe a

> Entre aspas porque, na realidade, a Pedagogia não se havia instituído nessa época. O trabalho de Sócrates era educativo e não pedagógico. Sua intenção era individual, não institucionalizada; não havia pretensão de continuidade em sua ação. Para aprofundar a transformação do educativo em pedagógico, cf. Franco (2008).

> Para aprofundar a questão acerca de como Piaget analisa a construção do conhecimento por meio da teoria da equilibração, cf. PIAGET, Jean. *A equilibração das estruturas cognitivas*. Rio de Janeiro: Zahar, 1975; MACEDO, Lino. *Ensaios construtivistas*. 3. ed. São Paulo: Casa do Psicólogo, 1994.

uma pedagogia da essência, tão bem descrita pelo pedagogo e filósofo polonês Bogdan Suchodolski (1984) e também retomada por Saviani (1989).

No entanto, é fundamental na postura de Sócrates a noção de que o saber se faz em diálogo com o sujeito e requer um sujeito com capacidade para ouvir, falar e argumentar. Assim, conforme realçam Gauthier e Tardif (2010, p. 52), o processo educativo para Sócrates não se limita a impor um ponto de vista exterior ao sujeito nem lhe impor um modo de viver, pensar e agir. *"A educação socrática comporta a ideia de um processo de aprendizagem concreto, através do qual o aprendiz forja o seu próprio pensamento, constrói e fundamenta suas próprias convicções por meio de interações verbais com o educador."*

Pode-se, então, depreender que desde lá, na Antiguidade clássica, a Pedagogia se estava tecendo e construindo por meio de ideias e ações que se foram compondo e recompondo com o passar dos séculos. Em Sócrates, algumas ideias sedimentam-se e vão, de alguma forma, acompanhar a história da Pedagogia. Friso aqui as ideias de educação como diálogo, como participação do sujeito, educação para além da informação, transcendendo a mera transmissão de informações aleatoriamente construídas por um único sujeito. Enfim, educação que tem por objetivo imediato o desenvolvimento da capacidade de pensar e não apenas ministrar conhecimentos. Se fosse para dar um destaque, dá-lo-ia à dialogicidade na educação, princípio que será retomado por muitos pedagogos, mas especialmente por Paulo Freire, como se verá adiante.

3. Comenius e a construção da subjetividade pedagógica: pai da Pedagogia moderna?

Cf. Covello (1991).

Falar em Comenius é reportar-se à Europa renascentista dos séculos XVI e XVII; local e tempo em que reformistas como Lutero começam a lutar contra o sistema inquisidor e hegemônico da Igreja Católica. Esse movimento será determinante para a criação de escolas e a escolarização das massas. É nesse clima social que atua Juan Amós Comenius, educador tcheco, nascido em Nivnice, na Morávia, em 1592 e falecido em 1670, na Holanda. Deixou mais de 200 obras publicadas. No final da vida dedicou-se a ser um apologista da paz e da fraternidade entre os homens. Segundo Covello (1991), em 1956, a Conferência Internacional da Organização das Nações Unidas para a Educação, a Ciência e a Cultura (Unesco), realizada em Nova Délhi, deliberou a publicação de todas as obras de Comenius e elegeu-o como um dos grandes inspiradores dos princípios que regem a Unesco. Sua principal obra escrita é a Didactica magna, *onde detalha seu método de ensinar tudo a todos.*

Há 355 anos, Comenius convidava os educadores a pensar sobre a questão educacional, propondo a utopia da criação de um método capaz de ensinar tudo a todos. Em que contexto surgiram suas ideias e como contribuiu para a construção da subjetividade pedagógica? O contexto era o da Reforma Protestante, que preconizava, entre outras coisas, que, em matéria de fé, só as Sagradas Escrituras tinham autoridade, e não o papa, ao contrário do que defendia o movimento católico. Desta forma, o protestantismo apelava para a necessidade da interpretação pessoal das Escrituras, sem intermediários. Então, traduziu a Bíblia para o alemão e investiu na educação do povo, uma vez que não bastava estar a Bíblia traduzida, seria preciso que as pessoas aprendessem a ler! Diante desse imperativo, sugeriu a criação de escolas em grande escala. Assim, foi o responsável pelo histórico movimento de escolarização das massas. A Igreja Católica muito contribuiu também, mas na intenção de deter o progresso do protestantismo. Assim, os jesuítas abriram muitas escolas, e pode-se afirmar que, no embate entre católicos e protestantes, quem saiu ganhando foi o movimento a favor da escolarização do povo. Essa expansão de alunos em diferentes escolas trouxe à tona o problema pedagógico essencial: *como, para que, o que* e *para quem* ensinar? Para resolver essas questões, recorreu-se a modos de pensar e fazer a educação; portanto, recorreu-se a uma *pedagogia*! Foi nesse contexto que Comenius desenvolveu sua produção pedagógica.

O que é, afinal, a Pedagogia? Antes de constituir-se como ciência, ela se estabelece como uma prática social para organizar a educação em determinado tempo e espaço, refletindo sobre suas finalidades e meios mais adequados, buscando a cada momento compreender e transformar as práticas educativas, de forma que atinjam as finalidades estabelecidas. Grande questão é quem estabelece essas finalidades e em que direção as transformações das práticas deverão encaminhar-se. No entanto, aqui estamos falando da emergência da prática pedagógica na sociedade do século XVII, para realçar o papel de Comenius e analisar suas propostas e utopias, além de examinar como estas se compuseram com a subjetividade pedagógica emergente no mundo ocidental, especificamente no Brasil.

Ensinar é uma atividade complexa, e os educadores da época perceberam essa complexidade ao enfrentarem a educação sistemática e em grupos. Antes o ensino não era em grupos nem era sistemático! O ensino simultâneo, uma conquista da civilização, tem no século XVII seu início. Uma educação episódica, dirigida a um sujeito e com base numa problemática específica, é bem mais fácil de ser administrada do que uma educação sistemática, com um grupo de alunos de diferentes origens sociais e que nem sempre receberam em casa orientações culturais de seu tempo. Articular a educação no coletivo é um problema complexo. Para lidar com ele, será preciso tornar científica essa intervenção. Como? Comenius investiu no método, como forma de pensar e organizar o ensino; mas talvez ele tenha pensado mais em uma pedagogia, conforme afirma Houssaye (1993, p. 21): *"A obra de Comenius deve ser considerada como a primeira tentativa sintética para constituir a Pedagogia como ciência autônoma"*. Pode-se pensar que Houssaye esteja considerando a pedagogia apenas sua tradição metodológica. No entanto, percebe-se, ao ler a obra de Comenius, que ele realmente trabalha mais no sentido de Pedagogia, superando o aspecto meramente metodológico do *como fazer*. Comenius pensa no sentido da educação; esforça-se para operacionalizar a democratização do acesso à escola e da permanência nela; preocupa-se com o caráter humanizador da educação; considera a adequação da educação aos estágios de desenvolvimento das crianças e busca, ainda, caminhos para o prazer da aprendizagem.

Ainda estamos distantes de atingir sua grande utopia de ensinar tudo a todos e de cumprir sua promessa:

> *[...] temos a audácia de prometer uma Grande Didática; quero dizer, um tratado completo da arte de ensinar tudo a todos. E de ensinar de tal modo, que o resultado seja infalível. E de ensinar depressa, isto é, sem nenhum problema e sem nenhuma dificuldade para os alunos e para os mestres, mas, antes, com um extremo prazer para ambos [...]* (COMÉNIO, 1992, p. 33).

Realmente é uma audácia que está ainda devendo sua concretização ao mundo. Realço, no entanto, o esforço de Comenius ao afirmar que tal proposta é possível e necessária e que a democratização de uma época passa, forçosamente, pela sua concretização.

Devemos destacar que, no século XVII, a tensão entre os diferentes projetos de católicos e protestantes produziu uma revolução nas incipientes práticas pedagógicas. Pode-se dizer que a prática escolar foi organizada nesse século e teve em Comenius um grande protagonista, contraponteado por movimentos da sociedade católica que publicaram, entre outros, a *Ratio studiorum*, regulamentando os programas de ensino e estudos da Companhia de Jesus. A matriz escolar, tal qual a vivenciamos, tem sua origem nessa época: ensino disciplinar, divisão de turmas, organização serial de conteúdos; disciplina; ordem; tentativa de um método organizador das ações docentes.

Acredito que Comenius marca a subjetividade pedagógica ao propor um sentido de Didática, como organização do ensino e criação de sentido para ele; a perspectiva do ensino como arte de fazer a educação; a educação como instrumento importante de democratização da sociedade; a destinação da educação a todos e a crença e fé na possibilidade de todos poderem aprender com prazer e alegria. Enfatizo a questão da universalidade do ensino; da criação de um *discurso pedagógico,* em que o método de ensino (como ensinar) se subjuga a uma profunda reflexão sobre as finalidades do ensino (o que estudar) e aos objetivos da educação (para que ensinar).

4. Rousseau e a subjetividade pedagógica: pai da Pedagogia contemporânea?

> *Estamos no Século das Luzes, ou seja, no século XVIII, quando a razão se apresenta como protagonista da história, produzindo transformações especialmente nas artes, na ciência e nas técnicas. Jean-Jacques Rousseau nasce em Genebra em 1712; abandona a cidade aos 12 anos e passa a viver entre a Itália, a França e a Suíça, apenas flanando. A partir de 1735, inicia sua verdadeira formação cultural. Realiza genuína revolução na Pedagogia da época, pondo a criança no centro da questão pedagógica e a política como fundamento da Pedagogia. Em Paris, liga-se aos filósofos iluministas, sobretudo a Diderot, e escreve inicialmente comédias e peças musicais. Sua principal obra pedagógica, o* Emílio, *ele a publica em 1762, juntamente com* Do contrato social, *sua obra de reflexão política. Esses dois livros são condenados em Paris e em Genebra. Ele foge de Paris, iniciando grande peregrinação, que altera seu equilíbrio psíquico. Morre em 1778. Considera-se que Rousseau fez uma revolução na Pedagogia por abordar o pensamento da criança não como o de um adulto em miniatura, mas como o de um ser que possui uma natureza específica, concentrando-se em aprofundar o processo de desenvolvimento*

da infância para a maturidade e criando, pode-se dizer, uma teoria da infância.

Política e Pedagogia juntam-se em Rousseau, buscando tornar possível a "reforma" do homem e da sociedade. O momento histórico, que realça a lógica da razão em oposição à lógica religiosa, permite que a sociedade irradie um novo movimento de crítica à fé, à autoridade e à ignorância.

A razão sobrepõe-se à fé, e a grande questão que se apresenta à educação é que a razão precisa ser desenvolvida e incorporada à existência. O exercício da razão não ocorre espontaneamente; há a necessidade de buscar instrumentos que a desenvolvam. Assim, as práticas educativas serão pensadas de sorte que possibilitem nova maneira de o sujeito postar-se no mundo: já não de forma contemplativa, mas ativa. Como afirmam Gauthier e Tardif (2010, p. 155), a instrução, nesse momento histórico, não consiste apenas em aprender a ler para ter acesso às Escrituras Sagradas; trata-se de instruir-se para conhecer o mundo e atuar nele.

Na época de Rousseau, os filósofos ganham destaque, especialmente os franceses, e assim a cultura francesa se estabelece como dominante na Europa.

Rousseau, desde suas primeiras obras, denuncia a sociedade de seu tempo e coleciona assim muitos desafetos. Logo após a publicação de *Émile* em 1762, a situação de desconforto é tão grande, que ele se vê obrigado a deixar Paris. Antes disso havia escrito obras de fundo político, como *Do contrato social ou Princípios do direito político,* em que enfatiza a igualdade entre os cidadãos e a sua liberdade, reafirmando que todos nascem iguais e livres, e organiza o princípio de um contrato social que articularia as vontades particulares em uma vontade geral.

Émile, sua obra pedagógica, teve grande repercussão na Europa e passou a ser vista como um manifesto educativo. Rousseau deixava claro em seus livros, e especialmente neste, qual era sua posição em face do mundo. Tinha a convicção de que a educação do presente molda a sociedade do amanhã. *Émile* tem como tema central a teorização do processo educativo, focando as necessidades de cada período do desenvolvimento infantil e realçando o respeito ao ritmo de desenvolvimento de cada criança. Propõe uma educação natural, longe das influências corruptoras da sociedade e sob a supervisão de um pedagogo.

Em sua obra pedagógica, podem-se destacar alguns princípios que, na realidade, são analisados como tensões permanentes do processo educativo:

a) Rousseau ressalta a importância de processos motivacionais para conduzir a vontade de aprender; é preciso seduzir e encantar o aluno com as possibilidades do conhecimento; oferecer modelos e referências; além disso, é o próprio processo de desenvolvimento que despertará no aluno necessidades e curiosidades; deixando a criança experimentar, ela se encantará!

b) Ao descrever as tensões na relação preceptor-aluno, o autor realça a dialética liberdade-autoridade; nada é tão natural como se pensa a princípio; o pedagogo está ali para negociar limites e alternativas de ação. Rousseau estabelece esse critério ao afirmar, no livro *Émile,* II, que a primeira educação é negativa: ou seja, não se deve ensinar a virtude, mas proteger o coração do vício e a mente do erro. O aluno pode, eventualmente, ser corrigido, mas por meio de bons exemplos ou mesmo de uma intervenção sutil, indireta.

c) Centra o ensino no momento (*espaço/tempo*) do sujeito aprendente: o aluno não terá tempos e espaços predeterminados. Rousseau propõe ao aprendiz o direito de expressar-se, de manifestar-se, de modo que se sinta seguro, valorizado. Valoriza o mundo natural e a natureza do sujeito.

Essas tensões figuram como preocupações da Pedagogia contemporânea: a necessidade de o ensino centrar-se no próprio educando; a adequação do ensino às necessidades do aluno; o jogo dialético que preside a relação autoridade-liberdade; a necessidade de experiências empíricas, que toquem os sentidos dos alunos, que concretizem as noções abstratas; a busca de situações agradáveis que convidem o aluno a aprender.

Rousseau enfatiza que o papel do preceptor é impedir antecipações no processo de desenvolvimento do aluno, providenciando para que cada fase seja vivida em sua plenitude. Essa sua orientação parece bastante esquecida nos dias de hoje, uma vez que, cada vez mais cedo, se exigem da criança atividades alheias ao seu desenvolvimento natural. Se Rousseau tanto criticou a "adultização" da criança, parece que hoje vemos, sob nova forma, esse mesmo processo ocorrer. As crianças estão cada vez mais mergulhadas em situações que ignoram sua infância e cada vez mais convertidas em pequenos consumidores.

Vários autores atualmente buscam compreender o impacto da sociedade de consumo na formação das crianças, reforçando a questão da "adultização", num caminho inverso ao proposto por Rousseau. Assim, conforme escrevem Costa e Momo (2009), em trabalho publicado na 32ª Reunião Anual da Anped:

> *Essa é uma cultura do consumo (não apenas de bens materiais, mas principalmente de significados) que opera de tal forma que não é mais possível dizer o que seria específico de uma geração ou de outra. As fronteiras entre o que seria ou não "próprio" da infância e "próprio" do mundo adulto se desvanecem. Parece-nos que cada vez mais as crianças estão se (con)fundindo com adultos, e os adultos se (con)fundindo com crianças nas infinitas possibilidades de consumo que o mundo contemporâneo nos oferece [...].*

Talvez já pressentindo aonde chegaria a sociedade humana, Rousseau critica o progresso pelo progresso, denunciando que a ciência e a técnica em si mesmas não trariam sabedoria ao homem. Ele realça a pureza de coração, a solidariedade, as práticas de boa convivência e a retidão moral como caminhos para a felicidade da humanidade. Nessa direção a sociedade não caminhou, no entanto as teorias pedagógicas estiveram sempre sinalizando a importância dessas práticas coletivas para o desenvolvimento social e humano.

Em seu livro *Émile*, III, Rousseau sintetiza bem o sentido pedagógico da atividade docente:

> *Torne seu aluno atento aos fenômenos da natureza, logo ele se tornará curioso; mas para alimentar sua curiosidade nunca se apresse em satisfazê-la. Situe as questões ao seu alcance e deixe que ele as resolva. Que ele não saiba*

Não há intenção de descrever o caminho dessas teorias contemporâneas de educação, mas pode-se ressaltar que as teorias que fundamentam a pedagogia nova (Dewey, Claparède, Freinet, Decroly, Montessori, Anísio Teixeira, entre outros) ou mesmo as teorias da pedagogia libertária (Neill, Ferrer, entre outros), as teorias construtivistas (Piaget) e socioconstrutivistas (Vigotsky, Luria), entre outras, procuram pôr em destaque a atividade do aluno, as práticas socializantes, as diferentes formas de convivência, de sociabilidade, de experimentação com a realidade.

nada porque o professor lhe disse, mas porque compreendeu por si mesmo, que ele não aprenda a ciência; que ele a invente (ROUSSEAU, 1966, p. 215).

Considero que as recomendações rousseaunianas são de extrema valia para a escola de hoje. Ainda precisamos buscar a forma de produzir essa curiosidade nos alunos, esse envolvimento, essa autonomia, essa criatividade. A escola contemporânea ainda não conseguiu transformar em práticas essas orientações pedagógicas do século XVIII.

Sabe-se que transformar teorias em práticas não é algo simples nem algo que dependa apenas da boa formação de mestres. Essa transposição implica adesão, contrato social, desejo coletivo da sociedade, condições institucionais de trabalho, empenho político. Rousseau de alguma forma caminha na direção de um contrato social, discutindo as possibilidades de uma educação socializada e regulada por meio da intervenção do Estado, na perspectiva de irmanar as pessoas em torno de projetos sociais comuns.

A influência de Rousseau será retomada em parte por Pestalozzi e, indiretamente, pelas novas teorias que circundam a pedagogia do século XX.

Gauthier e Tardif (2010, p. 130) recuperam bem as ideias de Rousseau ao afirmarem:

> *Rousseau elabora, pois uma pedagogia ativa (a criança participa inteiramente do processo de aprendizagem), concreta (ela recorre à observação), essencialmente utilitária (ela prepara para a vida entre os membros da sociedade), centrada na experimentação e não no estudo livresco ou nos discursos magistrais (são as coisas e não os discursos que devem falar...)* (destaque dos autores).

Considero que Rousseau está presente na subjetividade pedagógica dos pedagogos contemporâneos e aparece de forma reinterpretada nos discursos e práticas da educação atual. No entanto, se houvesse a possibilidade de maior adesão a seu pensamento, ele se faria atual hoje. Realço ainda o fato de Rousseau contrapor-se ao pensamento de seu tempo, transgredindo o modo único de pensar a sociedade e aprofundando a crítica ao estabelecido. Considero essa postura crítica como inerente ao pensamento pedagógico. Como salienta o pedagogo polonês Suchodolski, a pedagogia há que ser emancipatória, uma vez que:

> *A educação nas mãos da classe dominante é uma arma, um dos meios mais importantes para conservar o seu domínio e impedir o seu derrube, mantendo a psique humana livre de todas as influências que surgem pela transformação das forças produtivas. [...] a educação apresenta-se como influência destinada a defender os interesses da ordem decadente em franca contradição com a educação que se concebe como verdadeiro processo de formação de novos homens no desenvolvimento histórico das forças produtivas* (SUCHODOLSKI, 1976, p. 95).

Percebe-se que tanto Rousseau como Comenius buscaram uma ação pedagógica que privilegiasse aqueles cidadãos que mais precisam da ação formal da educação para se inserirem como sujeitos na sociedade. Paulo Freire (1985) gostava de afirmar que sua ação pedagógica estaria sempre na direção dos *esfarrapados* da vida. Política e Pedagogia articulam-se no pensamento de Rousseau e de muitos que o sucederam.

5. Pestalozzi-Dewey: remanescências na Pedagogia brasileira

Quando de minha participação no simpósio de Waldersbach, já referido, fui brindada com uma visita, de dia todo, ao Musée Oberlin. Oberlin (1740--1826) foi um pedagogo contemporâneo de Pestalozzi (1746-1827). Fiquei sabendo que Oberlin é considerado o primeiro a organizar e dirigir uma escola maternal, baseado na prática das freiras morávias e em escritos de Rousseau, Comenius e Pestalozzi. Nesse museu pude verificar a prática do método intuitivo, tal qual proposto por Pestalozzi; pude encantar-me com a singeleza do processo de ensino designado para as crianças e deparar com réplicas de suas ferramentas didáticas. Aliás, participei de um *workshop* didático como aluna de uma aula de Ciências, explorando, sentindo, intuindo – a prática do tripé a que se refere Pestalozzi: cabeça, mãos e coração. Esse museu destina-se a visitas de crianças realizadas de forma lúdica e experiencial e funciona, também, como espaço de formação de professores, na perspectiva de Pestalozzi: demonstrações didáticas, vivências, aprender fazendo.

Durante o simpósio, Michel Söetard, que dele também participava, apresentou um texto para discussão em que enfatizava que as ideias de Pestalozzi foram absorvidas por Dewey e ambos podem ser considerados os pais do pragmatismo. Em conversas com Söetard, pude entender o sentido de seu texto apresentado no Colóquio de Rouen, em 2006, em que pergunta: *Por que Pestalozzi não fez história?* Nesse texto, ele afirma que a influência do pedagogo suíço

De la circulation des idées pédagogiques: nécessaire altération des concepts, heureuse identité de l'idée Pestalozzi em Amérique Nord. Cf. Söetard (2008).

é/foi muito grande no mundo e, no entanto, não se sabe como e por que isso aconteceu. Talvez, segundo Söetard, fosse pela ideia democrática por trás dos estudos de Pestalozzi e também por sua capacidade de pôr em prática as ideias de liberdade e de respeito, além de sua forma de realizar os experimentos pedagógicos. É possível que isso tudo, conjuntamente, é que tenha atraído os anglo-saxões.

E. H. Tridnart, professor no Teachers College da Universidade de Colúmbia, afirma:

> *O maior serviço que Pestalozzi prestou ao ideal democrático reside, sem dúvida, na criação de um programa de escolas populares, na supressão de métodos brutais de repressão na escola e na formação de pessoal docente* (apud SÖETARD, 2009, p. 18).

Zanatta (2005) afirma que as ideias pedagógicas de Pestalozzi tiveram grande influência na Prússia, quando o sistema alemão de ensino se converteu em modelo para os demais países europeus, onde se verificou a superação do analfabetismo, a ampliação da rede de escolas públicas e a utilização do método de Pestalozzi que prioriza o *aprender fazendo*, em que a observação ocorre primeiro e só depois a manipulação e a verbalização. Afirma ainda a autora que Pestalozzi chamou a atenção do mundo por seu trabalho como mestre, diretor e fundador da famosa escola Yverdon, verdadeiro laboratório de experimentos pedagógicos. Além dessa escola, Pestalozzi tinha uma escola para órfãos, a Fundação Neuhof.

Aliás, sabe-se que Yverdon foi um dos primeiros institutos com a finalidade explícita de formação de mestres, grande preocupação de Pestalozzi. Söetard lembra que Charles Brooks (1795-1872), reformador educacional norte-americano, em visita à Alemanha, ficou encantado ao ver os resultados obtidos pelas escolas normais que se utilizavam do método de Pestalozzi para formar professores. Escreve ainda Söetard (2009, p. 15) que as mais antigas escolas normais dos Estados Unidos, as de Massachusetts e as de Oswego, foram fundadas com base nas ideias do pedagogo suíço.

> John Dewey (1859-1952) é geralmente reconhecido como o educador norte-americano mais reputado do século XX.

A intuição de Söetard diz-lhe que Dewey se formou lendo Pestalozzi e também, como este, soube associar, em suas práticas pedagógicas, a teoria e a prática. Pestalozzi pensou, escreveu e realizou; Dewey também. Assim como o primeiro dirigiu duas escolas (Yverdon e Neuhof), o educador norte-americano ocupou-se por seis anos da Escola-Laboratório da Universidade de Chicago. Remanescências... De Rousseau para Pestalozzi e deste para Dewey!

Durante o período em que se encontrava na Universidade de Chicago, Dewey fundou uma escola-laboratório de nível básico para ajudar a avaliar, modificar e desenvolver as suas ideias psicológicas e educativas. Todavia, uma querela com o reitor da universidade, William Rainey Harper, em parte relacionada com o uso da escola-laboratório como instituição de formação de professores, levou-o a demitir-se da universidade em 1904 (TEITELBAUN; APPLE, 2001). Parece que a boa formação de professores sempre assustou algum setor da elite da sociedade!

Ambos, Pestalozzi e Dewey, tomam como princípio pedagógico a experiência e a ação; ambos enaltecem a democracia como princípio de vida coletiva; ambos se preocupam com a educação integral e com os ritmos de desenvolvimento – a autonomia é uma conquista da responsabilidade. Ambos valorizam a educação e o trabalho e se inserem *"numa filosofia da ação que não se reduz à conquista de resultados materiais, mas que visa também à dimensão humanista da educação. O sentido se constrói na ação e através da experiência"* (TEITELBAUN; APPLE, 2001, p. 198).

Ainda segundo Teitelbaun e Apple, Dewey considerava que a chave do desenvolvimento intelectual e, portanto, do progresso social era a escolarização, sobretudo numa época em que as influências educacionais de outras instituições (o lar, a igreja etc.) decresciam drasticamente. Ele destacou a natureza moral e social da escola e acreditava que esta poderia servir como uma "comunidade em miniatura, uma sociedade embriônica", particularmente em uma sociedade que dinamizava ativamente o crescimento da democracia.

Para nós, brasileiros, as remanescências vão continuar. Anísio Teixeira, educador que muito influenciou a construção de sistemas escolares públicos no país, além de ser um dos signatários do Manifesto da Escola Nova (1932), foi aluno e seguidor de Dewey. Sabe-se que os pressupostos teóricos que Teixeira pretendia difundir nas escolas brasileiras decorrem dos princípios educativos trabalhados por John Dewey.

Anísio Teixeira (1900-1971), como se sabe, liderou três reformas educacionais, na Bahia, no Ceará e no antigo Distrito Federal. Foi um dos idealizadores do projeto da Universidade de Brasília, dirigiu o Instituto Nacional de Estudos Pedagógicos, criou o Instituto de Educação que leva seu nome, sendo o idealizador, no

> O *Manifesto dos pioneiros da educação nova* consolidava a visão de um segmento da elite intelectual que, embora com diferentes posições ideológicas, vislumbrava a possibilidade de interferir na organização da sociedade brasileira do ponto de vista da educação. Redigido por Fernando de Azevedo, o texto foi assinado por 26 intelectuais, entre os quais Anísio Teixeira, Afrânio Peixoto, Lourenço Filho, Roquette Pinto, Delgado de Carvalho, Hermes Lima e Cecília Meireles. Ao ser lançado, em meio ao processo de reordenação política resultante da Revolução de 1930, o documento tornou-se o marco inaugural do projeto de renovação educacional do país

> Para maior aprofundamento, cf. LIMA, Hermes. *Anísio Teixeira*: estadista da educação. Rio de Janeiro: Civilização Brasileira, 1978; BORGES, S. A. *Chaves para ler Anísio Teixeira*. Salvador: EGB, 1990; BRANDÃO, Zaia. *Pesquisa em educação*: conversas com pós-graduandos. São Paulo: Loyola, 2002.

Brasil, da formação superior de professores para a escola primária, e sempre buscou reafirmar o princípio da escola pública para todos os níveis e para todos os alunos.

Chaves (1999) realça que Anísio Teixeira, formado pelos jesuítas, foi transformado – pelas leituras "modernas" norte-americanas e pela convivência com Dewey – em um profissional à frente de seu tempo. Assim, dentre esses pressupostos pedagógicos modernos difundidos por Anísio, pode-se destacar a forma de encarar a função social da escola: não apenas local de instrução, mas espaço de reconstrução social, de democratização da sociedade. Considero também que algo muito importante ele absorveu da cultura norte-americana: pesquisar para conhecer. Assim, fez muitos estudos diagnósticos da realidade das escolas e dirigiu o Instituto Nacional de Estudos Pedagógicos (atual Inep), gérmen dos processos educacionais investigativos no Brasil. Essa forma de conhecer investigando permite-lhe escrever sobre a dualidade do ensino brasileiro, que despreza as reais necessidades da população e da cultura, desconsiderando a diversidade regional e a complexidade dos meios sociais. Persegue insistentemente a necessidade de educação e ensino para todos, valorizando a educação do povo e chegando a propor uma ação descentralizada do Estado (municipalização), de forma participativa e democrática (TEIXEIRA, 1976, p. 75). Essas suas ideias e percepções enriquecem-se com sua experiência nos Estados Unidos e fazem-no constatar que trabalho e pensamento andam juntos.

Com essas ideias e vivências, Anísio vai em busca de uma escola que tenha por finalidade a transformação

Cf. "Padrões brasileiros de ensino e cultura", in Teixeira (1976).

Influência de Comenius?

da sociedade: *uma escola laica, democrática, gratuita, obrigatória e coeducativa*. Por essa razão, foi muito perseguido pela Igreja. (Aliás, mais uma vez, a Igreja interfere nos rumos da educação brasileira!) Os pressupostos educacionais que Anísio persegue, reforçados pelos estudos de Dewey, seriam:

a) A criança se educa com a vida, por meio da experiência;
b) Não há educação sem teoria da educação; nem educação sem diagnóstico das situações nas quais intervir;
c) A intervenção pedagógica deve levar em conta as diferenças regionais, culturais, sociais;
d) A escola deve adequar-se às transformações da sociedade;
e) A filosofia deve ser utilizada para refletir sobre as questões educacionais.

Como se percebe, Anísio sintetiza, em suas ideias e ações, estudos e vivências de muitos pedagogos anteriores. Um dos grandes representantes do pragmatismo, influenciou muitos brasileiros, futuros pedagogos, alguns dos quais vamos considerar no próximo capítulo. Foi perseguido e exilado por ocasião das duas ditaduras mais recentes por que passamos. Sua herança ficou transmudando-se, mas sua ação marcou demais a *bricolagem pedagógica* (ecletismo?) que constitui a prática pedagógica brasileira. Como diz Libâneo (2006a, p. 21):

> *Entendo o termo "eclético" como uma somatória de correntes teóricas e práticas educacionais nem sempre coerentes entre si. Não sou o primeiro a afirmar que o pensamento pedagógico brasileiro tem a marca do*

ecletismo não apenas em decorrência das características de nossa formação cultural, mas também devido a uma frágil tradição na investigação pedagógica.

A construção de nossa subjetividade pedagógica passará pelas ideias de Anísio, que remontam a Dewey, que nos remetem a Pestalozzi e assim sucessivamente.

Este capítulo pretendeu identificar alguns constituintes daquilo que marca a subjetividade pedagógica ainda em nossos dias.

Buscamos em Sócrates, em Comenius, em Rousseau e em Pestalozzi e Dewey alguns fundamentos desses componentes.

Assim, identificamos em Sócrates a emergência da *questão do ensino e do diálogo*, como participação do sujeito; educação tendo por objetivo imediato o desenvolvimento da capacidade de pensar e não apenas ministrar conhecimentos. Ou seja, na ideia de Pedagogia está implícita a questão do ensino, da participação efetiva do sujeito que aprende e do diálogo.

Já em Comenius, o que marca sua obra no que concerne à subjetividade pedagógica é a proposta de detalhamento da organização do ensino. Este precisa ser planejado e intencional. Com isso, cria-se um *discurso pedagógico*, segundo o qual o método de ensino (como ensinar) se subjuga a uma profunda reflexão sobre as finalidades do ensino (o que estudar), bem como aos objetivos da educação (para que ensinar). Além disso, realça-se a função social do ensino, a base da educação do povo, como instrumento importante de democratização da sociedade. As questões apresentadas por Comenius ainda instigam os pedagogos atuais a buscar uma escola do povo e para o povo, capaz de ensinar de maneira a transformar as condições sociais dadas.

Em Rousseau, temos quase que a criação de uma pedagogia: ele descobre a criança, mas podemos dizer que descobre também o *outro da educação* – o aluno, criança ou adolescente. É para esse *outro* que a Pedagogia precisa olhar. Assim, propõe uma pedagogia ativa, que busca e respeita o outro, sujeito da educação; é ainda uma educação utilitária, voltada para a vida e preparando para a vida; e uma pedagogia que reflete sobre seus meios e seus fins, centrada na experimentação/reflexão. Política e Pedagogia juntam-se para, acredito, nunca mais se separarem.

A prática de Rousseau far-se-á por meio de Pestalozzi, que vai também realçar *o outro da educação*, mas lembrando que esse outro, a criança, o aluno, possui afeto, emoções, para além e junto da razão. Realça o *aprender fazendo*, mas, antes do fazer, mostra que deve vir o observar/experimentar, sentir e verbalizar. Se Rousseau convida a Pedagogia a olhar o outro, Pestalozzi redefine esse outro, dotando-lhe de sentimentos, afetos, emoções. Se Rousseau mostra a importância do pedagogo na direção das ações dos alunos, Pestalozzi reforça o olhar para a formação de professores. Se a atividade é fundamental a Rousseau, Pestalozzi redefine-a para adequá-la à fase de desenvolvimento do aluno. Acredito que Pestalozzi é importante ponto de inflexão entre a pedagogia tradicional e a pedagogia nova, que terá muitos outros contribuidores além dos já citados Dewey e – como decorrência no Brasil – Anísio Teixeira.

Há autores que atribuem a Rousseau esse ponto de inflexão entre a pedagogia tradicional e a nova

(CLAPARÈDE, 1958); outros atribuem a uma *onda* de participantes. Gauthier e Tardif (2010, p. 190) assim escrevem: *"[...] uma primeira onda chega ao fim do século XIX".* Segundo Ferrière (1926), a expressão escola nova parece ter surgido na Inglaterra por volta de 1889, no momento em que Cecil Reddie cria uma escola nova em Abbotsholme. No entanto, Gauthier e Tardif (2010, p. 190) reafirmam que Dewey, em 1894, dirige a escola anexa à Universidade de Chicago, baseada em princípios da Escola Nova. Não se referem a Pestalozzi como inspirador de Dewey, como o fazemos neste texto.

Temos ainda de lembrar os estudos de Binet, que na obra *Fadiga intelectual* critica os erros da pedagogia tradicional. Lembramos Montessori em Roma, Decroly em Bruxelas e mais adiante, aqui no Brasil, as *escolas-parques* de Anísio Teixeira.

Dewey foi sem dúvida o grande articulador, realizador e crítico da escola nova. No dizer de Cambi (1999, p. 546):

> *Dewey foi o maior pedagogo do século XX; o teórico mais orgânico de um novo modelo de Pedagogia, nutrido pelas diversas ciências da educação; foi o experimentalista mais crítico da educação nova, que delineou inclusive suas insuficiências e desvios; o intelectual mais sensível ao papel da pedagogia e da educação, vistas como chaves mestras de uma sociedade democrática.*

Não estou em busca da paternidade da Escola Nova, mas de saber qual é sua herança para a composição de uma subjetividade pedagógica. Acredito que as marcas mais fortes desse movimento foram: a) a escola para todos como instrumento (vital ou auxiliar) da democratização social; b) a atividade do

---

A primeira unidade da "escola-parque" de Anísio Teixeira foi instalada em 1946 na Bahia, em Salvador, onde funciona até hoje com o nome de Centro Educacional Carneiro Ribeiro, sendo reconhecida pela Unesco como modelo educacional.

aluno (enquanto não houver envolvimento do aluno, não haverá aprendizagem); c) a busca dos interesses e necessidades dos alunos a fim de adequar o ensino a essas precondições, realçando o aluno como centro do processo; d) a pesquisa como o caminho para a construção do conhecimento, relativo tanto ao planejamento educacional quanto à pesquisa/experimentação/observação do aluno tomadas como instrumentos didáticos; e) uma educação cognitiva tendo por base as ciências.

A sociedade brasileira da época (década de 30 do século passado) passou por uma série de transformações do ponto de vista econômico, político, social e cultural, o que foi exigindo novas formas de articulação social que contribuíram para o surgimento de novos modelos educacionais, com propostas mais flexíveis de ensino e com novas expectativas para a educação. Um marco desse processo de renovação foi o movimento da Escola Nova, que se fez presente nas reformas educacionais dos anos 1920 em vários Estados brasileiros e foi sistematizado e divulgado no *Manifesto dos pioneiros*, publicado em 1932, cujo grande artífice foi Anísio Teixeira. De lá para cá, muitos modelos educacionais ganharam espaço no sistema escolar, entre os quais a proposta construtivista de educação, que carrega muito dos princípios da Escola Nova ao levar em consideração, nas práticas pedagógicas, a realidade do aluno, visto como o próprio construtor de seu conhecimento, nas diversas relações com o meio.

Dessas perspectivas progressistas que vão surgindo em solo brasileiro destacamos o pensamento e a obra pedagógica de Paulo Freire (1982; 1985; 2003;

> Por educação nova entendemos a corrente que trata de mudar o rumo da educação tradicional, intelectualista e livresca, dando-lhe sentido vivo e ativo. Por isso esse movimento também foi designado como "escola ativa" (LUZURIAGA, 1980, p. 227).

> "O escolanovismo desenvolveu-se no Brasil no momento em que o país sofria importantes mudanças econômicas, políticas e sociais. O acelerado processo de urbanização e a expansão da cultura cafeeira trouxeram o progresso industrial e econômico para o país, porém, com eles surgiram graves conflitos de ordem política e social, acarretando assim uma transformação significativa da mentalidade intelectual brasileira. No cerne da expansão do pensamento liberal no Brasil, propagou-se o ideário escolanovista" (GALLO, Anita Adas. A noção de cidadania em Anísio Teixeira. In: REUNIÃO ANUAL DA ANPED, 24., 2001, Caxambu. *Anais...* Caxambu, 2001).

2008), que vem marcar a educação brasileira e mundial com uma postura inovadora e crítica diante da função social da escola e da organização dos processos e práticas educativas, delineando uma proposta inclusiva e emancipatória da classe trabalhadora.

Por meio de uma prática mediada pelo diálogo e pela valorização da cultura do aluno, Paulo Freire vê na educação uma forma política de transformar a sociedade, para que esta se torne mais justa e mais solidária.

Ele revoluciona o pensamento pedagógico, introduzindo a concepção dialética na educação e propondo perspectivas essenciais para mudar as raízes históricas de uma educação elitista e lançar as bases de uma pedagogia revolucionária, apostando na educação como instrumento de transformação e libertação.

> *A educação libertadora é incompatível com uma pedagogia que, de maneira consciente ou mistificada, tem sido prática de dominação. A prática da liberdade só encontrará adequada expressão numa pedagogia em que o oprimido tenha condições de, reflexivamente, descobrir-se e conquistar-se como sujeito de sua própria destinação histórica* (FREIRE, 1985, p. 9).

Paulo Freire (1982; 1985; 2003; 2008) introduz no pensamento pedagógico a questão da "politicidade" da Pedagogia com tanta força e tanta intensidade, que esta passou a ser uma das falas favoritas do professorado brasileiro: a educação não é neutra, a educação é uma atividade política. Ouço constantemente comentários a respeito desse posicionamento de Paulo Freire quando trabalho com professores da rede pública; eles usam a frase quer para procurar dar sentido ao que fazem cotidianamente, quer para compreender o descaso histórico da sociedade brasileira com a educação.

Tanto o empenho de Anísio Teixeira é refreado pela ditadura Vargas e posteriormente pela ditadura militar quanto o trabalho de Paulo Freire junto ao governo Goulart – ação voltada à alfabetização de adultos, num processo de conscientização da classe trabalhadora – é debelado e retirado da cena educacional, com a prisão e exílio do grande mestre. Como vemos, a educação é mesmo um ato político; as ditaduras temem um bom trabalho que conscientize os povos e distribua conhecimentos críticos capazes de mobilizar e emancipar os homens, especialmente os que possuem condições socioculturais desfavoráveis.

A questão da pedagogia do oprimido, da ação cultural para a liberdade, a consideração da educação como prática da liberdade entram definitivamente na composição de uma Pedagogia brasileira, que se dispõe a estar a serviço da superação das imensas desigualdades sociais que marcam nosso povo e nossa história.

Quando do golpe militar de 1964, Anísio Teixeira era reitor da Universidade de Brasília, que ele mesmo idealizara com Darcy Ribeiro. Paulo Freire dirigia o Projeto de Alfabetização de Adultos junto ao governo João Goulart. Ambos foram presos, exilados. O Brasil abria mão de uma perspectiva pedagógica revolucionária, inovadora, progressista, para entrar numa perspectiva pedagógica tecnicista e antidemocrática.

As remanescências desse período estão reverberando até hoje, apesar dos muitos esforços feitos para encontrar uma Pedagogia brasileira que consiga ensinar aos alunos tudo aquilo que precisa ser ensinado dentro de escolas públicas, laicas e gratuitas, conforme desejava

Anísio Teixeira, e por meio de processos didáticos inclusivos, emancipatórios e críticos, como almejava Paulo Freire.

Tenho falado de um mal-estar da Pedagogia, dos obstáculos à possibilidade de um projeto coletivo, da falta de certa utopia que parece ser constituinte do projeto pedagógico. Falta de um futuro, de crença num mundo melhor. Se acreditamos, como Paulo Freire, que o papel da educação, mediado pela Pedagogia, é a construção da humanidade nos homens, também convém admitir que o conceito de humanidade já não mobiliza a sociedade capitalista, onde só o consumo e o lucro parecem sensibilizar as pessoas.

Como alerta Touraine, ao refletir sobre se ainda podemos viver juntos:

> *A escola não deve ser feita para a sociedade; ela não deve se atribuir como missão principal formar cidadãos ou trabalhadores, mas, acima de tudo, aumentar a capacidade dos indivíduos para serem sujeitos. Ela se voltará cada vez menos para a transmissão de um conjunto de conhecimentos, de normas e representações, e será cada vez mais centrada, de um lado, na manipulação de instrumentos e, do outro, na expressão e na formação da personalidade* (TOURAINE, 1999, p. 326-327).

Acredito que a Pedagogia pode ainda auxiliar na reconstrução do processo civilizatório por meio de uma pedagogia do sujeito, a qual o ensine para a liberdade e para a autonomia, preocupada com os valores que possibilitam a vivência em comum, entre os quais a solidariedade e a diversidade. Mais do que qualquer coisa, no entanto, essa pedagogia precisa educar para romper a dissociação, a falta de comunicação, entre cultura e economia, entre afeto e tecnologia, entre necessidade e desejo. Novamente precisamos de uma pedagogia que seja tecida com o outro, na perspectiva da dignidade humana ou, como escrevia Paulo Freire, da pedagogia do oprimido (1985, p. 76):

> *A pedagogia tem de ser forjada com ele (o oprimido) e não para ele, enquanto homens ou povos, na luta incessante de recuperação de sua humanidade. Pedagogia que faça da opressão e de suas causas objeto da reflexão dos oprimidos, de que resultará o seu engajamento necessário na luta por sua libertação, em que esta pedagogia se fará e refará [...].*

Quando falo de construção da humanidade, quero significar a possibilidade de cada sujeito participar da cultura produzida pelos antepassados, apreendê-la, "degustá-la" e conviver com ela. Essa construção implica a formação de homens conscientes e produtores de sua existência, inseridos em projetos coletivos, comprometidos com a convivência humana coletiva, capazes de construir formas alternativas de vida e coexistência. A Pedagogia como ciência será um dispositivo social para contribuir para a reflexão cotidiana a respeito da vida entre homens, realizando contínua vigilância crítica, valorizando projetos emancipatórios e denunciando projetos que oprimem e degradam as possibilidades humanas.

Capítulo II

CONVERSAS COM PEDAGOGOS CONTEMPORÂNEOS

Capítulo II

Conversas com pedagogos contemporâneos

Uma primeira explicação: conversas significam aqui amplo espectro de contatos com os pedagogos que invocarei para refletir comigo sobre a questão que conduz este livro, a saber: o que a Pedagogia tem a dizer à prática docente? Como pode o conhecimento pedagógico dialogar com professores e auxiliá-los em suas reflexões?

Metodologicamente, esta parte do livro incluirá conversas informais, vivências que tive, com esses pesquisadores; entrevistas que fiz, depoimentos que tomei; leituras de obras publicadas; leituras de entrevistas feitas por outros pesquisadores (dando-lhes sempre os créditos devidos). No entanto, a síntese interpretativa será feita pelo meu olhar, pela minha história, que, de alguma forma, esteve ligada a esses sujeitos, por meio dos quais falarei da Pedagogia.

Escolhi para essas conversas pedagogos que possuem obras publicadas sobre Pedagogia e que, a meu ver, marcaram a construção da subjetividade pedagógica brasileira nos últimos 30 anos. Apoiei-me também na opinião de professores de Didática que entrevistei para trabalhos anteriores e que me falaram dos pedagogos usados como referência em suas atividades.

Assim, conversarei com Dermeval Saviani, José Carlos Libâneo e Selma Garrido Pimenta, brasileiros; em seguida, conversarei com Bernard Charlot, franco--brasileiro, e Philippe Meirieu, francês. Buscarei, por intermédio deles, compreender o sentido que atribuem à Pedagogia e como veem as possibilidades dessa ciência para fertilizar as práticas pedagógicas, especialmente as docentes. Ficará claro que não vou sintetizar a obra desses autores, nem analisá-las, nem mesmo avaliá-las; quero simplesmente realçar como eles significam a Pedagogia, de modo que esclareçam o que a Pedagogia ainda pode fazer para fundamentar a prática docente. Considero bastante complexa essa conversa a que me proponho, até porque serei obrigada a estabelecer recortes e limites, a fim de focar meu interesse e aprofundar compreensões que digam respeito à minha questão. Além do mais, pretendo falar de pesquisadores cujas obras estão em construção. Os autores aqui referidos estão em franca produção! Continuam pensando a educação; continuam em diálogo com a realidade brasileira; continuam produzindo conhecimentos novos para a área da Pedagogia.

Fiquei em dúvida sobre se seria uma conversa coletiva; ponderei as dificuldades e resolvi conversar individualmente com cada um desses escolhidos, até porque eles falam entre si com frequência: muitos tiveram, entre si, processos de coformação, de orientação, de vida e vivências acadêmicas partilhados. Serão momentos de muita descoberta e muita alegria!

Algumas obras do autor:
Escola e democracia. São Paulo: Cortez; Campinas: Autores Associados, 1983; *Educação*: do senso comum à consciência filosófica. Campinas: Autores Associados, 1980; *Pedagogia histórico-crítica*: primeiras aproximações. Campinas: Autores Associados, 1991; *História das ideias pedagógicas no Brasil*. Campinas: Autores Associados, 2007; *A pedagogia no Brasil*: história e teoria. Campinas: Autores Associados, 2008; *Interlocuções pedagógicas*: conversa com Paulo Freire e Adriano Nogueira e 30 entrevistas sobre educação. Campinas: Autores Associados, 2010.

1. Dermeval Saviani e o sentido de Pedagogia

Se consideramos que Paulo Freire foi o primeiro pedagogo a criar uma teoria pedagógica crítica, podemos dizer que Dermeval Saviani foi o segundo, ao constituir sua teoria naquilo que denominou pedagogia histórico-crítica (PHC).

A PHC foi sendo tecida, segundo Libâneo (1991, p. 31):

> *[...] na linha das sugestões das teorias marxistas, que não se satisfazendo com as teorias crítico-reprodutivistas postulam a possibilidade de uma teoria crítica da educação, que capte criticamente a escola como instrumento coadjuvante no projeto de transformação social. A base da formulação da PHC é a tentativa de superar tanto os limites das pedagogias não críticas, como também os das teorias crítico-reprodutivistas, postulando um empenho em analisar e compreender a questão educacional a partir do desenvolvimento histórico objetivo.*

A PHC tem, portanto, sua concepção subsumida no materialismo histórico. De acordo com Saviani (1991, p. 75), a pedagogia histórico-crítica *"procurava reter o caráter crítico de articulação com as condicionantes sociais que a visão reprodutivista possui, vinculado, porém, à dimensão histórica que o reprodutivismo perde de vista".*

Pode-se dizer que Saviani buscou uma teoria crítica que, como ele mesmo explica, levasse em conta os determinantes sociais da educação e assim procurasse realizar uma análise da realidade brasileira na perspectiva da totalidade, em que o fator determinante e norteador fosse o modo de produção em cada momento histórico, o que indicaria a base concreta para a construção e o desenvolvimento das classes sociais e da luta de classes. A escola passaria a ser vista como espaço de luta. Uma escola que possuísse uma proposta pedagógica estruturada na lógica do proletariado talvez tivesse nessa característica sua a grande

> José Carlos Libâneo, Selma Garrido Pimenta, Lenilda Rêgo, Maria Isabel de Almeida, entre outros.
>
> *Expressão Sindical*, Sinpro/Guarulhos, 17 set. 2007.

diferença para a escola nova e para a escola tradicional. Portanto, concordamos, eu e muitos, que Dermeval Saviani foi o pioneiro na sistematização de uma teoria pedagógica fundamentada no materialismo histórico e dialético.

Saviani continua fiel e coerente com essa proposta, e, embora se tenham passado 30 anos desde a criação da síntese PHC, parece-nos que ainda hoje sua teoria poderia dar novo rumo à educação brasileira. Vejamos o que ele diz, em entrevista, sobre a atualidade de sua teoria:

> *No livro* Pedagogia histórico-crítica: primeiras aproximações *o Sr. define o trabalho educativo como o "ato de produzir, direta e intencionalmente, em cada indivíduo singular, a humanidade que é produzida histórica e coletivamente pelo conjunto dos homens". A chamada "globalização" tem impactado os valores que tendiam a orientar os mundos do trabalho, a sociedade, as noções de humano/humanidade e, claro, a formação escolar e as equipes pedagógicas. Quais as possibilidades objetivas que as escolas têm, hoje, de "produzir humanidade"? Não seria tarefa demasiada para a escola, já que ela é parte de uma estrutura que, para sustentar-se, não precisa "produzir humanidade"?*
>
> **Dermeval Saviani:** *A mencionada definição do trabalho educativo tem caráter geral e se reporta ao significado da educação ao longo da história da humanidade nos diferentes tipos de sociedade. A escola, enquanto integrante do processo da educação, participa, na sua especificidade, do conteúdo expresso naquela definição. É preciso observar, porém, que, de acordo com os diferentes modos de produção da existência humana, configuram-se determinados tipos de sociedade que atribuem à educação e à escola uma significação determinada.*

Com a divisão da sociedade em classes sob o capitalismo, a educação recebeu uma determinação particular marcada pelo conflito entre as classes fundamentais. Nessas condições, aquele significado geral da educação expresso na definição citada tende a ser negado na mesma proporção em que esse tipo de sociedade, em lugar de concorrer para a promoção da humanidade em seu conjunto, submete a maioria dos seres humanos a um processo de dominação e exploração pela minoria que detém a propriedade dos meios de produção e, assim, controla a sociedade em suas várias dimensões – econômica, social, política, cultural e pedagógica.

Daí as dificuldades da escola em cumprir seu papel educativo; daí também a necessidade de reafirmar o significado da educação, buscando integrá-la no processo mais amplo de transformação da sociedade em direção à abolição da apropriação privada, o que permitirá colocar as conquistas da humanidade em benefício de todos os seus membros.

Essa proposta de Saviani agrega novos estudos e impõe nova maneira de pensar o papel dos conteúdos a serem ensinados pela escola. A escola referendará os conhecimentos da classe popular ou partirá deles e buscará dar à classe popular os conhecimentos produzidos historicamente, apreendidos e utilizados pela elite? Qual é o papel da escola diante da questão do que ensinar para possibilitar transformações nas relações de força das classes sociais? Vejamos o que diz Saviani, em outra entrevista:

Revista Educação,
12 nov. 2008.

Não estamos caindo numa armadilha ao valorizar em excesso o "aprender a aprender" e ao depreciar o conhecimento e sua capacidade formativa?

Saviani: *A ideia de que as crianças, pela sua própria vivência, podem chegar a conhecimentos mais elaborados* *é inconsistente. A ideia de aprender a aprender, no sentido de que as crianças devem se desenvolver para a autonomia, é pedagogicamente importante. Entendo, como afirmava [o filósofo italiano Antonio] Gramsci (1891-1937), que o processo educativo vai da anomia à autonomia pela mediação da heteronomia. Na heteronomia entra o papel da educação, a importância dos adultos, dos professores em dar direções, indicar o que é secundário e o que é essencial, quais são os conhecimentos fundamentais a serem dominados, a partir dos quais as novas gerações ganharão autonomia. Caso se acredite que, a partir de suas próprias vivências e das relações entre si, as crianças vão desenvolver conhecimentos elaborados, sistemáticos, ficaremos nesse lusco--fusco, nesse início de verdade e de erro que é o senso comum, que está posto e invadindo as escolas. Somam--se a essas ideias as condições precárias de trabalho dos professores, que vão para as escolas e têm de trabalhar com número grande de alunos, em condições de violência, de pressão do tráfico, salários baixos e essas ideias diluidoras. Que qualidade podemos atingir com isso? Inevitavelmente, os resultados, do ponto de vista do domínio do conhecimento, da formação educativa, serão precários.*

Saviani certamente manifesta sábias preocupações com a inespecificidade do papel da escola e com o papel do professor. Uma escola que não ensina serve para quê? Segundo seu pensamento, se a criança de classe popular não contar com a escola como caminho e perspectiva para superar sua condição social originária, ela não terá forças de, sozinha, buscar meios de dialogar com a realidade social na qual está inserida. Em outra entrevista, Saviani complementa:

Revista Nova Escola, ago./set. 2009.

O que é imprescindível para o trabalho pedagógico?

Saviani: *O principal é viabilizar o acesso à cultura letrada. O saber espontâneo não depende da escola. Não precisamos dela para aprender a falar, andar e brincar. Mas é necessária toda uma estrutura para aprender a ler e a escrever, já que a escrita não é uma linguagem espontânea. Ela é codificada e precisa de processos formais de aquisição. A escola foi criada com esse papel e até hoje, apesar das críticas, não se descobriu um mecanismo melhor. Os gestores precisam ter consciência de que a aquisição desse conhecimento demanda tempo e uma ação pedagógica contínua e planejada.*

A questão é bastante fundamental: a discussão do papel da escola e as possibilidades da pedagogia para fundamentar essa ação. Saviani analisa o dilema da pedagogia e seu impacto nas escolas (2008, p. 119): o século XX representa importante inflexão nas teorias pedagógicas, com sérias consequências para a educação. Nos séculos anteriores, a ênfase das proposições educacionais centrava-se nos métodos científicos, pautados em fundamentos filosóficos e didáticos; já do século XX em diante, a ênfase desloca-se para o primado dos fundamentos psicológicos da educação, o que acarreta uma cultura escolar mais simplificada, pautada nos processos de aprendizagem do aluno. Apoiando-se em Valdemarin (2004), Saviani analisa que essa inflexão atinge o papel de professor, o qual se transforma. Se antes da escola nova o professor era aquele profissional que detinha o conhecimento e o método para produzir aprendizagem, agora ele participa das atividades de ensino em condição de igualdade com o aluno. Com base em Dewey, a autora referida pondera que, se o professor é um aluno, e o aluno, sem o saber, é um professor, melhor seria que ambos tivessem menos consciência de seu papel. Saviani amplia esse comentário para Piaget e o construtivismo, embora ambos tenham matrizes teóricas diferenciadas (SAVIANI, 2008, p. 120).

Ele não quer com isso dizer, como o fazem os antipedagogos franceses, que o ensino centrado no aluno seria a razão dos descaminhos da escola no século XXI. Ao contrário, Saviani (2005), na ânsia de evitar mal-entendidos, estabelece a distinção entre o que é tradicional e o que é clássico:

> *Nesse sentido, tenho sido crítico dos chamados modismos na educação, porque aparecem como algo muito avançado mas, na verdade, apenas elidem questões até certo ponto óbvias, que não podiam ser perdidas de vista e que dizem respeito ao trabalho escolar. Eis por que em um de meus textos enunciei a distinção entre o tradicional e o clássico. Tradicional é o que se refere ao passado, ao arcaico, ultrapassado, o que nos leva a combater a pedagogia tradicional e reconhecer a validade de algumas das críticas que a Escola Nova formulou à pedagogia tradicional. No entanto, isso não pode diminuir a importância do elemento clássico na educação, pois este não se confunde com o tradicional. Clássico é aquilo que resistiu ao tempo, logo sua validade extrapola o momento em que ele foi proposto. É por isso que a cultura greco-romana é considerada clássica; embora tenha sido produzida na Antiguidade, mantém-se válida, mesmo para as épocas posteriores* (SAVIANI, 2005, p. 101).

Essa parece ser uma das grandes preocupações de Saviani, que assim se expressa em entrevista ao *Jornal do Povo*:

> Entrevista concedida a Mildo Leo Fenner, set. 1987.

> *A Escola Nova pagou o preço ao secundarizar a importância do professor e dos conhecimentos sistematizados, acreditando que o processo educativo poderia desenvolver-se espontaneamente a partir dos interesses do aluno. [...] faz-se necessário superar essa dicotomia pedagógica, permitindo articular a iniciativa do aluno com a iniciativa do professor.*

Realça também, na mesma entrevista, que o aluno deve ser visto pelo professor como a síntese das relações sociais. Portanto, os interesses e necessidades do aluno são determinados pela sociedade. Daí a importância de um professor bem formado, com boas condições de trabalho, que possa interpretar essa síntese concretizada nos alunos e interagir com ela. Além disso, Saviani sustenta que o professor precisa ter bom conhecimento do tipo de sociedade em que vive, de modo que compreenda o papel da escola aí. Deve ainda o professor ter conhecimento daquilo que vai trabalhar, dominar os recursos didáticos e sentir-se envolvido e empenhado no trabalho que exerce.

Em entrevista a Ana Elisa Queirós Assis (SAVIANI, 2010, p. 231), o educador sintetiza a Pedagogia como teoria da educação, uma teoria da prática educativa. Reafirma: a Pedagogia é, pois, uma teoria que se estrutura em função da ação, ou seja, é elaborada em função de exigências práticas, interessada na execução da ação e nos seus resultados. Detalha seu pensamento, ao afirmar que a Pedagogia, numa perspectiva mais ampla, busca equacionar de alguma maneira o

> SAVIANI, Dermeval. *Escola e democracia*. Edição comemorativa. Campinas: Autores Associados, 2008. 112 p. (Coleção Educação Contemporânea.)

problema da relação educador-educando e, no caso específico da escola, a relação professor-aluno, orientando o processo de ensino-aprendizagem.

O ponto de partida do método proposto por Saviani para a prática da PHC é a *prática social*, comum a professor e alunos, que *"[...] podem se posicionar diferentemente como agentes sociais diferenciados"* (p. 56). O segundo passo é a *problematização*, ou seja, o momento de *"[...] detectar as questões que precisam ser resolvidas no âmbito da prática social e, em consequência, que conhecimento é necessário dominar"* (p. 57). Como terceiro passo tem-se a *instrumentalização*, que consiste na apropriação de instrumentos teóricos e práticos necessários ao equacionamento dos problemas detectados na prática social. O quarto passo é a *catarse*, momento da *"[...] efetiva incorporação dos instrumentos culturais trabalhados, na vida dos alunos, transformados agora em elementos ativos da transformação social"* (p. 57). Por fim, como quinto passo, tem-se a própria *prática social*.

> *Neste ponto, ao mesmo tempo que os alunos ascendem ao nível sintético em que, por suposto, já se encontrava o professor no ponto de partida, reduz-se a precariedade da síntese do professor, cuja compreensão se torna mais e mais orgânica* (p. 58).

Assim Saviani se expressa ao definir a pedagogia histórico-crítica:

> *Essa pedagogia é tributária da concepção dialética, especificamente na versão do materialismo histórico, tendo afinidades, no que se refere às suas bases psicológicas, com a psicologia histórico-cultural desenvolvida pela Escola de Vigotsky. A educação é entendida*

como o ato de produzir, direta e intencionalmente, em cada indivíduo singular, a humanidade que é produzida histórica e coletivamente pelo conjunto dos homens. Em outros termos, isso significa que a educação é entendida como mediação no seio da prática social global. A prática social põe-se, portanto, como o ponto de partida e o ponto de chegada da prática educativa. Daí decorre um método pedagógico que parte da prática social onde professor e aluno se encontram igualmente inseridos, ocupando, porém, posições distintas, condição para que travem uma relação fecunda na compreensão e no encaminhamento da solução dos problemas postos pela prática social, cabendo aos momentos intermediários do método identificar as questões suscitadas pela prática social (problematização), dispor os instrumentos teóricos e práticos para a sua compreensão e solução (instrumentação) e viabilizar sua incorporação como elementos integrantes da própria vida dos alunos (catarse) (SAVIANI, 2008, p. 185).

O grande roteiro pedagógico proposto por Saviani: da prática social à prática social, considerando pressuposta a educação como mediadora no seio da prática social global. Assim, ele sabiamente considera que o trabalho pedagógico se organiza como a mediação que permite e favorece aos educandos transcender a consciência acrítica (ingênua) e ascender à consciência crítica. Essa mediação pedagógica realiza-se nos momentos dialéticos do método. Saviani sustenta que seu método supera as propostas de Herbart e Dewey, representantes respectivamente da pedagogia tradicional e da nova, uma vez que

> *[...] o ponto de partida não é nem a preparação de alunos, cuja iniciativa seria do professor, na escola*

> *tradicional, nem a atividade, que é iniciativa de alunos, conforme a escola nova, mas, sim, o primeiro passo é a prática social, comum a alunos e professores* (SAVIANI, 2008, p. 131).

Saviani ressalta as diferenças também nas outras etapas/momentos do método, no entanto acredito que a maior diferença é que o método proposto por ele permite não só absorver as contradições sociais inerentes à prática social e às relações educador-educando, mas também trabalhar pedagogicamente com essas contradições.

As ideias pedagógicas de Saviani iluminam muitos caminhos para a Pedagogia. Seus estudos convencem-nos do caráter dialético dos processos pedagógicos que só podem ser compreendidos na dimensão da totalidade e da práxis. Convencem-nos também de que a escola sozinha não resolve os problemas da educação; ela não é um anexo da sociedade, mas parte integrante da dinâmica e da prática social. Sendo assim, os problemas educacionais só podem ser enfrentados pelo coletivo social que determina as necessidades sociais expressas no jogo das contradições da realidade educativa. Não é possível mudar a escola ou seus processos educativos; o que se pode é mudar a lógica que a preside. Mas isso exige um pacto social entre os diversos setores da sociedade política e civil.

A pedagogia histórico-crítica tem sido considerada como uma perspectiva educacional que resgata a importância da escola e sugere a reorganização do processo educativo, ressaltando o saber sistematizado que marcará a especificidade do saber escolar.

No entanto, a prática cotidiana nas escolas não foi, infelizmente, transformada por essa teoria. E isso é evidente! Se a educação é uma prática social, esta só se transformará quando as múltiplas condições que a determinam também se transformarem.

É uma questão importante: como transformar uma pedagogia em didática? Ou a questão que me proponho nesta obra: o que a Pedagogia tem a dizer à prática docente? Há um trabalho interessante nessa direção realizado por Gasparin (2005, p. 10), que, entre muitas coisas, afirma:

> *Os cinco passos que formam a didática da Pedagogia Histórico-Crítica exigem do educador uma nova forma de pensar os conteúdos: estes devem ser enfocados de maneira contextualizada em todas as áreas do conhecimento humano, evidenciando que este advém da história produzida pelos homens nas relações sociais de trabalho. Essa didática objetiva um equilíbrio entre teoria e prática, envolvendo os educandos em uma aprendizagem significativa dos conhecimentos científicos e políticos, para que estes sejam agentes participativos de uma sociedade democrática e de uma educação política.*

Ou então, como Saviani já afirmara em relação aos futuros professores, constata-se a necessidade de que o curso de formação forneça uma fundamentação teórica que permita uma ação coerente, o desenvolvimento de uma consciência aguda da realidade em que os futuros professores vão atuar e uma instrumentalização técnica que permita uma ação futura eficaz (SAVIANI, 1980, p. 60).

Esta é uma questão fundamental: uma Pedagogia não se insere numa sociedade por decreto ou por convicção de certo grupo de pessoas. É preciso adesão, é preciso negociação, é preciso um compromisso coletivo! Saviani sabe disso e faz a sua parte: pôr à disposição dos educadores uma teoria que pode transformar a prática docente e as condições de educabilidade da sociedade. Resta-nos alimentar a esperança da construção de uma vontade coletiva que transformará as condições concretas, criando o espaço de possibilidade pedagógica.

Saviani (2007b) fala diretamente aos pedagogos, futuros professores, para que vivam intensamente o período de formação e aproveitem a universidade, buscando aí a teoria de que precisam para compreenderem em profundidade a prática. Só assim poderão transformá-la! Assim ele se expressa:

> *[...] vivam intensamente o clima da universidade, mergulhem nos estudos clássicos da Pedagogia e dos fundamentos filosóficos e científicos da educação, de modo a se municiarem de ferramentas teóricas que lhes permitam analisar o funcionamento das escolas de educação infantil e do ensino fundamental, para além do senso comum propiciado por sua experiência vivenciada por longos anos no interior da instituição escolar [...]* (p. 132).

Esta questão é insistentemente lembrada por ele e é uma chave para orientar a formação continuada de docentes: é preciso ir além do senso comum, é preciso negar o empírico imediato e adentrar nos reais significados da prática, para que os docentes possam significá-la e dialogar com ela. Saviani continua (2007b, p. 132), afirmando que é preciso ultrapassar o nível da *doxa* (saber opinativo) e atingir o nível da *episteme* (o saber metodicamente organizado e teoricamente fundamentado).

Com base em suas ideias, pode-se afirmar que a Pedagogia só se fará pedagógica quando assumir a lógica das necessidades das classes desfavorecidas, transformando-se assim em espaço de luta e de emancipação dos povos. Quanto ao conteúdo a ser trabalhado pela escola, Saviani é enfático ao considerar que ela deve ensinar os conteúdos culturais construídos pelos nossos antepassados, numa relação dialética entre saberes populares e saberes da cultura letrada. Avalia que o primeiro passo nessa conquista é a universalização do ensino fundamental, um ensino que realmente se realize na aprendizagem e na formação dos seus destinatários. Para tanto, serão necessários bons professores, bem formados e com consciência crítica, o que só será possível com condições adequadas de salário, de carreira e de profissionalização. O empenho pela educação é uma proposta do coletivo da sociedade.

2. José Carlos Libâneo: a prática da Pedagogia

Libâneo tem dedicado suas pesquisas ao estudo da Pedagogia e da Didática, enfatizando sempre a importância e a imprescindibilidade da escola pública de qualidade para todos. É autor da *pedagogia crítico-social dos conteúdos* (PCSC), teoria pedagógica construída nas articulações entre sua prática como pedagogo nas escolas públicas, especialmente na Escola Experimental da Lapa, e suas reflexões teóricas tecidas à luz do materialismo histórico-dialético.

Libâneo é contemporâneo de Dermeval Saviani. Estudaram juntos no seminário e juntos entraram

---

Suas principais obras: *Democratização da escola pública*: a pedagogia crítico-social dos conteúdos. 17. ed. São Paulo: Cortez, 1985; *Pedagogia e pedagogos, para quê?* São Paulo: Cortez, 1988; *Didática*. São Paulo: Cortez, 1991; *Adeus professor, adeus professora?*: novas exigências educacionais e profissão docente. 5. ed. São Paulo: Cortez, 1998; *Educação escolar*: políticas, estrutura e organização. São Paulo: Cortez, 2003 (coautoria de João Ferreira de Oliveira e Mirza Seabra Toschi).

> Entrevista concedida a Lenilda Rêgo Albuquerque de Faria, nov. 2008.

> Escola Experimental da Lapa, 1966-1970.

para cursar Filosofia na PUC de São Paulo, isso na década de 60 do século passado. Libâneo realça em entrevista o que já me contara pessoalmente: suas raízes pedagógicas passam pela vivência da pedagogia jesuítica nos dez anos de seminário; pelos estudos e prática como diretor de uma escola experimental que buscava fundamentar seu projeto pedagógico nas propostas de Dewey e da Escola Nova; e pelos dilemas que se impuseram entre a vivência do ensino tradicional e outra vivência no ensino renovado. Nesse dilema, surge Paulo Freire e a militância política na perspectiva e atuação marxista. É interessante notar como Libâneo analisa a articulação dessas influências que se misturavam, talvez até equivocadamente:

> *[...] naquela época eu achava que trabalhar com Dewey era ter uma posição de esquerda em educação, muita gente achava. Era uma linha teórica meio social, mas não tinha preocupação de entender se Dewey realmente compunha com marxismo. Não me passava na cabeça isto [...].*

No entanto, ele destaca que, com base nessa primeira matriz intelectual, vai aprofundar estudos e pesquisas para organizar sua "cabeça" e coração de pedagogo. Após sua cassação política em 1975, aprofundou estudos por meio de leitura dos teóricos Bourdieu, Passeron e Althusser, continuando a busca de fundamentos teóricos para a Pedagogia. Assim se expressa na referida entrevista:

> *Para minha felicidade, caiu na minha mão um dos primeiros textos escritos por Saviani que se chamava "Educação brasileira", publicado na Revista da AEC (Associação de Educação Católica). Nesse texto,*

> *Dermeval trazia ideias de dois autores que provocaram uma fantástica revolução na minha cabeça, o Georges Snyders e um argentino chamado José Luiz Zanotti. Nesse momento, ele (Saviani) se apropria das ideias de Snyders sobre uma terceira via para superação da pedagogia tradicional e da pedagogia nova e formula os primeiros traços de uma pedagogia crítica de inspiração inteiramente marxista. O livro de Snyders chamava-se* Pedagogia progressista, *eu sabia esse livro quase de cor. Assumi convictamente o caminho de Saviani e aquele artigo me levou a outras fontes, e comecei a organizar uma visão de pedagogia na minha cabeça. Eu conhecia razoavelmente as bases do marxismo e estava com esquemas mentais disponíveis para compor uma visão pedagógica baseada no marxismo.*

Com base nessas experiências, Libâneo vai "fundo" buscar os fundamentos de uma pedagogia popular marxista. Assim declara em seu *Memorial* (2006b), realçando o papel intelectual de Saviani:

> *Quem abriu o caminho da minha pesquisa foi, como já disse, o Saviani, inclusive por ter me introduzido na obra de Snyders. Depois encontrei pistas preciosas em Bernard Charlot, no seu livro* Mistificação pedagógica. *Eu tenho um carinho muito grande pelo Charlot, porque eu encampei o projeto dele, que procurava caminhos para uma pedagogia crítica. Então, eu acabei chegando na pedagogia crítico-social dos conteúdos. Juntei Charlot e Snyders num primeiro momento, depois o Manacorda e o Suchodolski. Hoje sigo a orientação da teoria histórico-cultural, que tem a mesma procedência no marxismo.*

A perspectiva de Libâneo já estava sendo a busca de uma escola crítica. Em seu *Memorial* (2006b), relembra que simpatizava com o pensamento de Paulo Freire e o juntava a Saviani e a Charlot, especialmente pelo livro *A mistificação pedagógica*. Ele comenta:

> *A escola crítica – também chamada de educação libertadora – não concorda que a sociedade seja harmônica e nem que seja capaz de promover a igualdade de oportunidades, porque a escola não tem força para tornar iguais os que a realidade social e econômica tornou distintos. A escola crítica assume um papel de "abrir os olhos" da classe dominada para que esta tome consciência de sua dominação e lute para a transformação social. Segundo Paulo Freire, uma educação não pode ser efetiva e eficaz senão na medida em que os educandos nela tomem parte de maneira livre e crítica.*

Desse modo, articulando diferentes influências e dando asas à perspectiva de encontrar as bases de uma educação crítica, Libâneo compõe sua teoria pedagógica.

Em pesquisa realizada com professores de Didática (FRANCO; GUARNIERI, 2008), pudemos verificar que a maioria dos professores consultados (80%) se utilizava, na organização de seus planos de cursos, dos livros de Libâneo, especialmente os livros *Didática* (1991) e *Adeus professor, adeus professora?* (1998). Em outra pesquisa com coordenadores pedagógicos (FRANCO, 2005b), também observei que Libâneo era um dos poucos autores de Pedagogia que os coordenadores pedagógicos diziam conhecer. Um dos escritos também citados por professores refere-se ao capítulo primeiro do livro já citado *Democratização da escola pública* (1985), em que o autor mapeia as principais perspectivas teóricas presentes na prática docente, agrupadas em duas tendências centrais: a pedagogia liberal e a pedagogia progressista.

A preocupação de Libâneo com a prática pedagógica começa cedo, e essa mesma concepção de Pedagogia já está bem detalhada em sua dissertação de mestrado, em 1984, na PUC/SP.

Os fundamentos teóricos e práticos do trabalho docente, ele os aprofunda em seu doutoramento, em 1990, na mesma universidade. Em sua tese, produz conhecimentos em pelo menos três direções: a) ao delinear as bases de uma teoria crítica à Pedagogia; b) ao realçar o caráter de cientificidade da Pedagogia; c) ao esclarecer o conteúdo implícito à Pedagogia como ciência e, também, como síntese entre a teoria educacional e a teoria do ensino (didática).

Prática docente e prática pedagógica entrelaçam-se em sua concepção, e assim Libâneo enfatiza a necessidade de a Pedagogia fundamentar os estudos sobre a prática docente. Tem tido constante preocupação com a possibilidade de descaracterização da Pedagogia como campo de conhecimento e considera que dois fatores têm propiciado essa situação: o tecnicismo interpretado à luz da Escola Nova, desde 1930, e o movimento da Associação Nacional de Formação de Professores (Anfope), desde a década de 80 do século passado. Em suas palavras:

> *Nas primeiras décadas do século XX, os pioneiros da educação nova trouxeram as ideias de Dewey para o Brasil, interrompendo a hegemonia da pedagogia católica e herbartiana.* Eu penso que o enfraquecimento da ciência pedagógica no pensamento brasileiro, o enfraquecimento do campo teórico da pedagogia, começa aí. *O poder de influência dos pioneiros na legislação educacional, desde a década de 1920, foi muito forte, numa direção cientificista.*

> *Uma visão cientificista tem a ver com o caráter objetivo das coisas, com o mensurável, com o que é científico. Como a pedagogia, na visão católica ou herbartiana, tem a ver com finalidades, objetivos, valores, ela não teria cientificidade; esses elementos não seriam passíveis de serem considerados pela ciência. Privilegia-se, daí por diante, a ciência da educação, não a pedagogia.* O campo científico passa a ser a educação, não a pedagogia. *Não é casual que as faculdades foram denominadas "faculdades de educação", não faculdades de pedagogia. [...]. Para mim, o movimento pela reformulação dos cursos de formação de educadores, depois transformado em Anfope, a despeito de fazer questão de declarar sua afiliação ao marxismo, na verdade segue a tradição iniciada pelos pioneiros da educação nova* (LIBÂNEO, 2007, p. 17, destaques meus).

Esse ponto de vista em relação à Anfope é de alguma forma reafirmado por Saviani, que pondera:

> *Não deixa de ser curioso observar que o movimento de reformulação dos cursos de Pedagogia e licenciatura, que desembocou na Anfope, se constituiu em oposição às propostas de Valnir Chagas, em especial aquela traduzida no slogan "formar o especialista no professor". No entanto esse movimento acabou por incorporar, de certo modo, esse slogan, ao definir como eixo de sua concepção a docência como base da formação dos profissionais da educação* (SAVIANI, 2008, p. 69).

Tais questões são aprofundadas em outros estudos, especialmente na segunda parte desse mesmo livro de Saviani (2008), quando ele discute a polemização do campo pedagógico, e no livro organizado por Pimenta (2001), em que Libâneo (p. 59-97) retoma as perguntas: *o que é a Pedagogia, quem é o pedagogo, o que deve ser o curso de Pedagogia.*

A grande preocupação de Libâneo é a consideração da prática docente apenas como técnica, vista sem os necessários fundamentos pedagógicos que poderiam dar-lhe consistência e adequação. Talvez essa preocupação tenha conduzido seus estudos, a partir de 1990, para as questões da Pedagogia e da Didática, deixando de lado a PCSC. Assim se expressa Saviani:

> *José Carlos Libâneo deu sequência, na década de 1990, aos seus estudos e atividades nos campos da pedagogia e da didática, não retomando, pelo menos de forma explícita, a "pedagogia crítico-social dos conteúdos". Mas seu livro* Democratização da escola pública, *no qual a proposta foi divulgada, continuou sendo reeditado, tendo atingido, em 2002, a 20ª edição* (2007a, p. 422).

Acredito que essa teoria não abandonou Libâneo nem ele a esqueceu; quando o vejo insistentemente propondo subsídios pedagógicos ao curso de Pedagogia, criando reflexões e ensinamentos para a didática do professor, analisando as (im)possibilidades da escola atual, tenho a impressão de que ele está buscando fundamentos para sua PCSC.

2.1. A pedagogia crítico-social dos conteúdos (PCSC)

A proposta da PCSC foi apresentada no livro *Democratização da escola pública,* de 1985, reunindo artigos publicados entre 1982 e 1984.

Libâneo declara em seu *Memorial* (2006b) que, em 1983, se achava já em condições de poder dar uma primeira sistematização aos seus estudos sobre as tendências pedagógicas. Assim afirma:

Reproduzo aqui um longo trecho de seu memorial em virtude do poder explicativo das articulações entre a PCSC e a PHC, questões sempre solicitadas por alunos e docentes: onde se encontram e onde divergem as teorias de Saviani e de Libâneo?

> *Achei que poderia dar minha contribuição teórica, a partir das ideias que Saviani já vinha desenvolvendo em torno das teorias críticas e teorias não críticas da educação. Havia escrito um texto provisório denominado "Pedagogia crítica dos conteúdos" e tinha em mãos os trabalhos elaborados para as disciplinas do mestrado e doutorado. Compus, assim, o artigo "Tendências pedagógicas e prática escolar". Na versão publicada na Revista da Ande eu utilizava o termo "pedagogia dos conteúdos culturais", a partir de uma interpretação dos escritos de Snyders. Na versão que publiquei no meu livro* Democratização da escola pública *mudei para Pedagogia crítico-social dos conteúdos (PCSC).*

Edições Loyola, 1985 (1ª edição).

Pode-se, pois, verificar que essa teoria se baseia em Snyders, o qual propõe a *primazia dos conteúdos* como característica de uma pedagogia de esquerda, de uma pedagogia progressista. No entanto Libâneo, conforme ele próprio declara, vai-se acercando de outras influências, tais como Mialaret, Manacorda, o pedagogo alemão Schmied-Kowarzik, o pedagogo espanhol Quintana Cabanas, o pedagogo polonês Suchodolski, entre outros.

Libâneo, em todas as conversas e escritos, ressalta a importância de Saviani na abertura de caminho para uma pedagogia marxista. Assim o faz em seu *Memorial* (2006), tal como me revelou também pessoalmente:

> *Entendo a PCSC como um movimento pedagógico formado por muitos estudiosos e profissionais ligados à educação escolar. Creio que afetou de modo significativo o pensamento pedagógico brasileiro no âmbito da produção acadêmica, da administração do ensino, da prática escolar. Cumpre, no entanto, destacar o papel pioneiro de Dermeval Saviani, cujos estudos*

respondem pela abertura de caminhos para a sistematização de uma teoria pedagógica fundamentada no materialismo histórico-dialético. Até que sua produção começasse a ser divulgada, a proposta de Paulo Freire era a única que se poderia considerar como pedagogia de esquerda. O trabalho intelectual de Saviani ofereceu outra perspectiva de investigação, desencadeou pesquisas em várias direções dentro da problemática educacional brasileira.

Em algum momento, solicitei ao próprio Libâneo que contextualizasse para mim a perspectiva crítico-social da Pedagogia, e ele explicou que há dois entendimentos conjugados entre si. No primeiro, a expressão "crítico-social" refere-se a determinada concepção de pedagogia, a uma abordagem específica de teoria pedagógica vinculada à explicação dialética da educação. Assim como existe uma pedagogia católica, uma pedagogia ativista, uma pedagogia culturalista, existe uma pedagogia crítico-social. É desse ponto de vista que há uma identidade entre tal pedagogia e a chamada pedagogia histórico-crítica, denominação criada por Dermeval Saviani. Libâneo realça que a expressão "crítico-social" indica um método de abordagem da educação em que a prática educativa, em suas várias manifestações e em seus conteúdos, é compreendida no seu movimento, na sua transformação, na sua história.

O segundo entendimento implícito no conceito de PCSC aplica-se especificamente ao tratamento dos conteúdos escolares.

Essas considerações permitem ao autor reafirmar que a PCSC faz questão de ser uma *pedagogia*.

Libâneo assim enfatiza que uma pedagogia marxista concebe a Pedagogia como ciência da educação que descreve e explica o fenômeno educativo nos seus vínculos e nexos com a práxis social de humanização e, como ciência prática para a educação, postula objetivos sociopolíticos, criando e desenvolvendo formas metodológicas e organizativas para a viabilização do educativo. Isso significa que a educação implica formas concretas que lhe dão um direcionamento, um sentido, uma opção em face de interesses sociais de classes e grupos.

Considera que a tarefa da Pedagogia será a concretização dos objetivos sociopolíticos explícitos, bem como a formulação de mecanismos políticos, sociais e didáticos necessários para atingi-los.

Neste momento de sua trajetória, o autor tem-se empenhado em aprofundar pesquisas com a teoria histórico-cultural, incorporando as contribuições de Vigotsky, Leontiev e Davydov para melhor atuação didática do professor, na perspectiva de que o papel da educação e do ensino é promover e ampliar o desenvolvimento mental do aluno e que a apropriação da experiência cultural humana é o caminho pelo qual se pode ajudar crianças e jovens a ir constituindo a sua individualidade, algo que se realiza pela internalização da experiência sociocultural coletiva, no sentido da grande cultura, e também em meio ao contexto histórico e sociocultural em que as pessoas vivem.

Além dessas questões referentes à explicitação do trabalho docente como uma das possibilidades da prática pedagógica, Libâneo tem aprofundado estudos para reafirmar algumas convicções que podem auxiliar o professor em sua prática. Seleciono algumas de suas posições:

a) *Todo trabalho docente é pedagógico, mas nem todo trabalho pedagógico é atividade docente.*
b) *A base da formação do docente são os estudos pedagógicos.*
c) *A escola precisa ter compromisso com a seleção/transmissão dos conteúdos curriculares, bem como com a produção de aprendizagem nos alunos.*
d) *O papel do professor será o de mediador entre o ensino e a aprendizagem, utilizando-se para tanto dos conhecimentos organizados pela Didática e pelas didáticas específicas.*

Acredito que, em sua posição teórica a respeito da Didática e da Pedagogia, se encontra presente, e em ação, sua teoria da PCSC. Observemos seus recentes estudos:

> *Ora, a didática e as didáticas específicas são disciplinas e instrumentos do trabalho docente, pois se ocupam de investigar as relações entre o ensino e a aprendizagem. Elas realizam a intencionalidade pedagógica no ensino visando a aprendizagem. Numa visão vygotskiana, a didática é a sistematização de conhecimentos e práticas referentes aos fundamentos, condições e modos de realização do ensino e da aprendizagem, visando o desenvolvimento das capacidades mentais e a formação da personalidade dos alunos. Ela opera, assim, a mediação da mediação cognitiva, ou seja, o trabalho didático consiste na mediação das relações do aluno com os objetos de conhecimento, razão pela qual o conceito nuclear do didático é a aprendizagem, por sua vez a razão de ser do ensino. Por meio do ensino, o professor realiza plenamente seu trabalho quando ajuda o aluno a adquirir capacidades para novas operações mentais e a operar mudanças qualitativas em sua personalidade* (LIBÂNEO, 2009).

O autor reafirma que quatro condições são indispensáveis para a organização da atividade docente como prática pedagógica: a) identificação dos conteúdos que contribuem para o desenvolvimento cognitivo dos alunos; b) organização didática desse conteúdo; c) planejamento do espaço/tempo didático; d) apoio e vivência de práticas culturais institucionais. Como se percebe, Libâneo não abre mão da responsabilidade social da escola e dos docentes na garantia de aprendizagem aos alunos. É comum vê-lo assim se expressar: não basta ao professor orientar e acompanhar de longe a aprendizagem do aluno; é preciso que se comprometa com essa aprendizagem! Ele reivindica o papel intencional do docente na construção da aprendizagem do aluno, considerando que é pouco ao professor ser apenas um *facilitador* da aprendizagem.

Para atingir esse propósito é que investe estudos na formação de professores, uma vez que, para atuar como docente, há que estar preparado para isso, com amplo conhecimento teórico e prático daquilo que ensinará. Em seu dizer:

> *De modo especial, a ausência de conteúdos específicos das matérias que irão ensinar às crianças torna o professor das séries iniciais despreparado para ensinar. O professor ensina o que sabe. Sem domínio do conteúdo que deveria ensinar, sem encantamento pelo conhecimento, sem uma cultura ampliada no campo da ciência e da arte, não poderá despertar nos alunos gosto pelo saber, o entusiasmo pelo estudo* (LIBÂNEO, 2009).

Em suas pesquisas, tem percebido que a falta de conhecimento do conteúdo bem como o não entendimento dos mecanismos que produzem aprendizagem nos alunos estão produzindo docentes que não sabem e não podem ensinar. Avalia que isso é um prejuízo para todos os alunos, especialmente para os das classes menos favorecidas, que teriam o direito a uma educação que lhes suprisse em parte as desvantagens culturais.

Assim Libâneo tem analisado o papel da Didática, que, mais do que nunca, precisa centrar sua ação na questão da epistemologia dos conteúdos:

> *Vê-se que nenhuma didática se sustenta teoricamente se não tiver como referência os conteúdos a serem ensinados, a metodologia própria de cada ciência e as formas de aprendizagem das disciplinas específicas. Do mesmo modo, não há como ensinar disciplinas específicas sem o aporte da didática, que traz para o ensino as contribuições da teoria da educação, da teoria do conhecimento, da psicologia do desenvolvimento e da aprendizagem, dos métodos e procedimentos de ensino, além de outros campos como a antropologia, a filosofia, a teoria da comunicação, da cultura, etc. A didática oferece às disciplinas específicas o que é comum e essencial ao ensino, mas respeitando as peculiaridades epistemológicas e metodológicas de cada ciência. Com isso, não se pode, a rigor, falar de uma didática "geral", nem de métodos gerais de ensino aplicáveis a todas as disciplinas. A didática somente faz sentido se estiver conectada à lógica científica da disciplina que é ensinada* (2008, p. 14).

Ao estudar a Didática como organizadora dos conteúdos a serem ensinados, Libâneo continua desenvolvendo sua PCSC.

Dessa forma, estamos sempre aprendendo com seus escritos que a Pedagogia é a ciência que organiza, compreende e transforma a prática educativa. Sua ação é exercida, pois, em todas as dimensões da

Suas principais obras:
Estágio e docência. São Paulo: Cortez, 2004 (coautoria de Socorro Lucena); *Professor reflexivo no Brasil*: gênese e crítica de um conceito. 5. ed. São Paulo: Cortez, 2008 (coorganização de Evandro Ghedin); (Org.) *Pedagogia e pedagogos*: caminhos e perspectivas. 3. ed. São Paulo: Cortez, 2011; *Didática*: embates contemporâneos. São Paulo: Loyola, 2010 (coorganização de Maria Amélia do Rosário Santoro Franco); *Docência no ensino superior*. São Paulo: Cortez, 2002 (coautoria de Léa Anastasiou); *Saberes pedagógicos e atividade docente*. São Paulo: Cortez, 1999; (Org.) *Didática e formação de professores*: percursos e perspectivas no Brasil e em Portugal. São Paulo: Cortez, 1997; (Org.) *Pedagogia*: ciência da educação? São Paulo: Cortez, 1996; *O estágio na formação de professores*: unidade teoria e prática? São Paulo: Cortez, 1994; *O pedagogo na escola pública*. São Paulo: Loyola, 1988.

sociedade, não apenas na escola. No entanto, Libâneo sempre realça que esta é o *locus* privilegiado para o exercício da Pedagogia, além de ser o espaço ideal para a organização do ensino para as classes populares. Portanto, reivindica sempre escolas boas, bom ensino e professores bem formados, a fim de dotar a classe menos favorecida culturalmente de instrumentos formativos que a ajudem a ampliar as oportunidades de poder escolher os contornos e determinantes de sua existência. Por isso a insistência na democratização da escola e pela escola, base de sua PCSC.

3. Selma Garrido Pimenta: a teoria e a prática na educação

Selma tem sua trajetória de pesquisadora/pedagoga marcada pela insistência em articular a teoria educacional com a prática pedagógica.

Desde o início de seu trabalho como orientadora educacional, sua preocupação tem sido a consolidação de uma escola pública, democrática, justa, capaz de produzir transformações em direção à democratização da sociedade. Nesta busca, seu instrumento de luta é, essencialmente, a Pedagogia, como campo de conhecimento específico, como ciência da educação.

Ainda em 1988 produz um livro, fruto de sua tese de doutorado, denominado *O pedagogo na escola pública*, em que defende a polêmica tese em favor do pedagogo, negando-se a uma defesa corporativista dos *especialistas* na escola. Assim se expressa:

> *[...] a posição que temos assumido é a de que a escola pública necessita de um profissional denominado pedagogo, pois entendemos que o fazer pedagógico, que ultrapassa a sala de aula e a determina, configura-se como essencial na busca de novas formas de organizar a escola para que esta seja efetivamente democrática. A tentativa que temos feito é a de avançar da defesa corporativista dos especialistas para a necessidade política do pedagogo, no processo de democratização da escolaridade* (PIMENTA, 1988, p. 55).

É interessante perceber a relação dialética que Selma vai sempre tecer, estabelecendo o pedagógico como ponto de sustentação da atividade docente e, ao mesmo tempo, percebendo que a própria atividade docente é que alimenta a construção de conhecimentos pedagógicos. Com esse posicionamento, já estava preparando seus futuros estudos: aprofundamento da compreensão da atividade científica da Pedagogia e, por outro lado, o interesse pelas questões da Didática, o qual ainda se encontra em pleno vigor em suas atividades atuais.

No entanto, é sempre a questão da teoria e da prática que a instiga a pensar e produzir. A Pedagogia fundamentando a Didática, vista como teoria do ensino, e a Didática oferecendo à Pedagogia o manancial que fundamentará a teoria desta.

Por esta trilha, em que se entrelaçam a Pedagogia e a Didática, Selma vai enveredar, e assim sua pesquisa de livre-docência vai centrar-se na questão do estágio na formação do professor.

Como ela mesma diz, o tema do estágio impôs-se como uma necessidade. Necessidade de analisar como se compunham, no processo de formação, a teoria e a

O estágio como práxis na formação do professor: um estudo do estágio nos cursos de magistério do segundo grau, desenvolvidos no Centro de Formação e Aperfeiçoamento do Magistério (Cefam). Faculdade de Educação, USP, São Paulo, 1993.

prática; ou a prática da teoria; ou mesmo a teoria das e nas práticas. Selma introduz o termo *práxis*, na perspectiva marxista, mas, antes de tudo, sua preocupação era buscar uma forma de realçar a indissociabilidade da *teoriapráticateoria*. Para adentrar na práxis, foi preciso refinar os procedimentos metodológicos, e assim Selma inicia, para não mais abandonar, a postura colaborativa como forma de investigação. Mergulha no universo das escolas públicas de formação de docentes e reafirma a importância de determinados espaços/tempos institucionais para possibilitar aos futuros docentes entrar em confronto com a prática, significar pela teoria esse confronto e buscar movimentos que ensejem um novo olhar sobre essa prática.

Nesse processo de estudar os estágios e buscar conhecimentos para uma prática docente que se organizasse em sintonia com as questões da prática, surge em Selma novo foco de estudo: a teoria didática. Considera que a Didática constitui um instrumento para a práxis transformadora do docente. Em suas palavras:

> *A Didática, entendida como área do conhecimento que tem por especificidade o estudo do processo ensino-aprendizagem, contribui com as demais na formação de professores. Enquanto disciplina, traduz--se em um programa de estudos do fenômeno ensino, com o objetivo de preparar os professores para a atividade sistemática de ensinar em uma dada situação histórico-social, inserindo-se nela para transformá-la a partir das necessidades aí identificadas de direcioná-la para o projeto de humanização* (PIMENTA, 1997, p. 121).

A autora realça que, nesse processo, a teoria instrumentaliza o olhar e a prática coletiva decodifica a teoria. Teoria e prática vão-se fundindo como amálgama para a tessitura da teoria didática. Já em 1988 propunha que o estágio fosse a atividade articuladora dos cursos de formação de professores. Hoje, essa condição do estágio está sendo sugerida pelas atuais Diretrizes Curriculares para o curso de Pedagogia. No entanto, permanece como discurso legal, uma vez que, na prática, ainda não existem as condições que Selma considera fundamentais para a prática do estágio como práxis.

Cf. Pimenta (1988).

Entre essas condições, aponta: horas de trabalho pedagógico remuneradas; equipe pedagógica articulada ao projeto de formação; integração universidade-escola básica; supervisão da formação: os espaços para trabalhar coletivamente os confrontos com a prática; tempo integral para formação; estágios iniciando-se desde o primeiro momento de formação na universidade; participação efetiva dos docentes na construção e na prática do projeto pedagógico.

Talvez até sem perceber, já nessa época, a autora estava organizando-se para trazer aos educadores brasileiros tanto a questão dos *saberes docentes* como a questão *da reflexividade* na formação e prática do educador, conceitos que emergem em suas pesquisas a partir da década de 1990.

A questão dos saberes Selma vai aprofundar à medida que seu olhar foca, de um lado, o professor que atua na escola pública e, de outro, o futuro professor, o aluno da licenciatura, na universidade.

Vai percebendo – nas orientações que oferece aos professores da escola pública, nas pesquisas-ações que ali realiza e nas pesquisas que orienta – que o professor precisa desenvolver saberes práticos, mas precisa também, em seu processo de formação, munir-se de saberes teóricos, pedagógicos ou dos conteúdos com que vai lidar. Ela distingue, nessa imbricação dos saberes na/para a prática, o papel da Didática.

> *[...] entendemos que nas práticas docentes estão contidos elementos extremamente importantes, tais como a problematização, a intencionalidade para encontrar soluções, a experimentação metodológica, o enfrentamento de situações de ensino complexas, as tentativas mais radicais, mais ricas e mais sugestivas de uma didática inovadora, que ainda não está configurada teoricamente. Essa vasta e complexa produção tende a ficar perdida, diluída e ao nível do senso comum* (PIMENTA, 2008, p. 7).

Esse olhar para a prática cotidiana dos docentes permite à autora ir adentrando na práxis docente e estruturando seu conhecimento sobre os saberes que se vão instituindo na prática e que, ao mesmo tempo, são instituidores dessa prática.

Selma, nesse processo, aprofunda o que Houssaye tem apontado (1993, p. 28): o professor precisa de formação pedagógica voltada não para aquilo que deve fazer nem para o que vai fazer; o importante é que os olhos do pesquisador, do formador, estejam voltados para o que o professor faz. É com base nessa realidade que se inicia o processo formativo. A questão é a seguinte: qual é o sentido daquilo que o professor faz? Por que ele faz o que faz? Essa realidade, ensina-nos Selma, deve ser aprendida, discutida, e por meio dela nos aproximamos dos saberes da prática, dos saberes da experiência.

Ela realça, pois, que nos processos formativos é fundamental o conhecimento dos saberes práticos dos docentes, saberes que são fundamentais para a constituição de teorias, assim fundamentadas pela prática e não para a prática.

À pergunta sobre qual o interesse das ciências da educação para as práticas, responde:

> *Os saberes sobre a educação e sobre a pedagogia não geram os saberes pedagógicos. Estes só se constituem a partir da prática, que os confronta e os reelabora. Mas os práticos não os geram só com o saber da prática. As práticas pedagógicas se apresentam nas ciências da educação com estatuto frágil: reduzem-se a objeto de análise das diferentes perspectivas disciplinares (história, psicologia etc.)* (PIMENTA, 1999, p. 26).

Selma insiste neste ponto: para bem formar um professor, não basta que lhes repassemos conhecimentos das diversas ciências; é preciso que o formando reelabore esses conhecimentos, transformando-os em saberes, estes, sim, elaborados com base na prática.

A questão dos saberes pedagógicos é aprofundada pela autora ao redirecionar o debate sobre a cientificidade da Pedagogia. Em 1996 perguntava: a Pedagogia é a ciência da educação? Em que bases se pode apoiar essa cientificidade?

Ela se pergunta: *"Para onde vai a Pedagogia? É ciência? Possui objeto próprio? É ciência da prática? Aplicada? Ou é teoria da educação? Ou ainda apenas uma técnica?"* (1996, p. 10).

Nesse livro, vai agrupar textos de alguns autores, especialmente portugueses e brasileiros, para discutir de forma mais aprofundada a questão da cientificidade da Pedagogia. Por meio dessa obra muitos pedagogos passam a refletir sobre tal questão, embalados por reflexões de Nóvoa, Libâneo, Mazzotti e da própria Selma.

A importância desse momento reside no fato de trazer à tona a questão da prática como objeto da ciência da educação, além de afirmar ser a Pedagogia a ciência que estuda a educação na ótica da prática educativa. Outras ciências estudam a educação, devem e precisam fazê-lo; no entanto, só a Pedagogia o faz com o filtro da prática educativa. Assim se expressa a autora:

> *O objeto/problema da Ciência da Educação (Pedagogia) é a educação enquanto prática social. Daí seu caráter específico que a diferencia das demais, que é o de ser uma ciência prática: parte da prática e a ela se dirige. A problemática educativa e sua superação constituem o ponto central de referência para a investigação* (PIMENTA, 1996, p. 57).

Nessa perspectiva, para dar conta de tal objeto, a referida ciência precisa buscar meios de revelar, de modo crítico, as contradições sociais que impedem a educação e os educadores de exercer sua autonomia. Assim, Selma considera que Didática e Pedagogia devem caminhar juntas, uma vez que ambas possuem um caráter prático. Afirma que o objeto específico da Didática é a problemática do *ensino em situação,* em que aprendizagem, aluno e professor estão em perene articulação.

Essa preocupação continua presente hoje e assim declara a autora em recente entrevista:

> *É lógico que a pós-modernidade nos traz toda essa discussão da cultura nos espaços institucionais, e da cultura no sentido antropológico, da cultura no sentido social e econômico. Eu acho que ela traz contribuições*

Entrevista concedida em 2010 a Lenilda Rêgo Albuquerque para sua tese de doutorado: *As orientações educativas contra-hegemônicas das décadas de 1980 e 1990 e os rebatimentos pós-modernos na didática a partir da visão de estudiosos...* Faculdade de Educação, USP, São Paulo, 2011.

que mexem com a didática, no sentido de aprofundar essa perspectiva da presença dos sujeitos no processo. Eu acho que ser um didático hoje na universidade, nos cursos de graduação, me demanda sair de uma certa tendência de verdades construídas e inquestionáveis. Eu acho que a perspectiva pós-moderna nos desafia, sobretudo com o desenvolvimento dessa grande área dos estudos da cultura, e dos estudos do protagonismo dos sujeitos.

Ou seja, a questão do protagonismo e da participação dos sujeitos da prática é sempre uma preocupação de Selma.

Talvez seja nessa direção que ela traz aos educadores brasileiros a questão do professor reflexivo.

Ao trazer estudos e pesquisas sobre o professor reflexivo, especialmente os estudos de pesquisadores franceses, portugueses e espanhóis, Selma está constantemente alertando para a importância do espaço organizacional das escolas como a matriz fecundadora das práticas significativas. Assim se expressa, em 1999, ao analisar seu itinerário teórico/metodológico como pesquisadora:

> *Os estudos e pesquisas sobre formação de professores na tendência do professor reflexivo confirmam que essa categoria, organização da escola, possui uma grande importância na formação de professores, conforme já indicávamos em estudos anteriores. Este achado da pesquisa bibliográfica redirecionou o desenvolvimento da pesquisa de campo, fazendo com que optássemos por concentrar o estudo em duas escolas.*

Escolhi essa citação para pôr em realce o espírito investigativo que move a pesquisadora: estava estudando os egressos da licenciatura, tentando identificar os

PIMENTA, Selma G. A organização do trabalho na escola. *Ande*, São Paulo, n. 11, p. 29-36, 1986.

PIMENTA, Selma G. Itinerário teórico/metodológico de uma pesquisadora. In: _____. *De professores, pesquisa e didática*. Campinas: Papirus, 2002.

saberes necessários à prática e também a importância da disciplina de Didática para essa formação. Assim que percebe, nos dados iniciais da pesquisa, o peso do espaço institucional, do espaço organizacional da escola, na configuração das práticas, logo redireciona o foco e vai deter seu olhar no espaço da escola pública, ao mesmo tempo que aprofunda estudos sobre a pesquisa-ação colaborativa.

Nessas pesquisas, Selma vai fechar um círculo entre os estudos da Pedagogia, das ciências da educação e da Didática; além disso, vai compreender, de forma bem articulada, a maneira como a organização do trabalho na escola institui os saberes docentes e, por outro lado, como tais saberes interferem no ambiente organizacional.

Assim, abrindo espaços a seus alunos, orientandos e grupo de pesquisa, ela organiza a obra *Saberes pedagógicos e atividade docente* (1999), em que vai afinar a questão da identidade profissional e saberes docentes, reafirmando a importância de repensar a formação inicial e contínua de docentes com base nas práticas pedagógicas desenvolvidas no espaço escolar. É nessa obra que deixa bem especificada a questão dos saberes da docência, como a síntese entre saberes da experiência, saberes do conhecimento e saberes pedagógicos.

O processo de construção de saberes passa pelo processo de atribuir significados à prática. Assim, ao aprofundar estudos e pesquisas sobre o professor reflexivo, Selma o faz na ótica estratégica da necessária transformação das condições de trabalho do professor. Ela afirma:

> *As investigações sobre o professor reflexivo, ao colocarem os nexos entre formação e profissão como constituintes*

> *dos saberes específicos da docência, bem como as condições materiais em que se realizam, valorizam o trabalho do professor como sujeito das transformações que se fazem necessárias na escola e na sociedade. O que sugere o tratamento indissociado entre formação, condições de trabalho, salário, jornada, gestão e currículo* (PIMENTA, 1999, p. 30).

Esta é uma questão fundamental para aqueles que pretendem uma boa escola e bons professores, que produzam aprendizagens significativas para os alunos: a formação não se dá no vazio; a prática docente não se institui no vazio de relações, não se estabelece na neutralidade política. Selma realça sempre a indissociabilidade entre formação, condições de trabalho, infraestrutura da escola e carreira, como fatores que só podem atuar na totalidade.

Assim, enfatiza que a tendência de valorização da reflexividade, para além dos modismos, se estabelece como uma política de valorização do desenvolvimento profissional dos professores e das instituições escolares, uma vez que supõe processos de formação contínua, tendo a escola como *locus* prioritário para tal, no coletivo dos docentes, com suporte teórico-metodológico da equipe pedagógica.

Preocupada, aliás, com os modismos que cercam esse novo conceito, Selma reúne novamente seu grupo de pesquisa para pensar as questões da reflexividade e dessa forma surge o livro *Professor reflexivo no Brasil: gênese e crítica de um conceito,* já em sua sétima edição.

Percebe-se que Selma olha a Pedagogia como a ciência que pode e deve fundamentar a prática, não com receitas ou teorias prontas; olha-a como a ciência que dialoga com a prática docente e extrai desse diálogo os princípios de sua ação.

Referenda a importância da prática como esclarecedora da teoria nela impregnada, bem como considera a prática como espaço de significação da teoria.

> Junto a sua ex-orientanda de doutorado Maria Socorro Lucena Lima.

Para estudar e executar essa ação integradora da prática com a teoria, ela se volta ao estudo dos estágios, dez anos após ter escrito sobre o papel deles na formação de professores: em 2004, no livro *Estágio e docência*, incorpora as questões investigadas na década, entre as quais os saberes docentes, a questão da reflexividade, a incorporação definitiva da dupla indissociável formação-prática. Assim analisa o estágio como espaço de conhecimento, de formação, de aprendizagem da docência e sinaliza formas de planejamento e acompanhamento de suas ações.

> Em decorrência, entre outras coisas, de sua experiência como pró-reitora de graduação da USP, (2006-2009), quando criou e desenvolveu o Programa de Pedagogia Universitária.

Se até então o foco de suas investigações foi a educação básica, Selma agora o está ampliando para o estudo da pedagogia universitária, preocupada em formar profissionais docentes.

Se fôssemos fazer uma síntese, tentando responder às questões discutidas neste livro – O que é a Pedagogia? Como a Pedagogia pode fundamentar a prática docente? Ou seja, o que ela pode falar à prática? –, teríamos como contribuição de Selma:

a) Considera que a educação, como uma prática social, historicamente situada, requer muito esforço para ser estudada, compreendida e interpretada. Essa tarefa supõe a contribuição de vários campos disciplinares, entre os quais a Pedagogia. Vê, no entanto, a Pedagogia como um campo de conhecimento específico da práxis educativa realizada na

sociedade; portanto, ela pode e deve articular saberes de outras ciências, preservando a ótica do pedagógico.
b) Considera que a Pedagogia produz fundamentos para a prática docente, não sob forma de receitas e prescrições, mas com base em um olhar (teoria) que confronta e ressignifica a prática.
c) Realça que a Pedagogia fundamenta a prática; interpreta-a e compreende-a; cria conhecimentos e saberes com base nela. E não concorda que a prática docente seja a razão instituinte da Pedagogia.
d) Os itens anteriores autorizam-nos a afirmar que Selma valoriza os saberes construídos pelo próprio docente; no entanto, ela realça que esses saberes não se constroem ao acaso e espontaneamente. Os saberes só se constroem no confronto e em diálogo com a prática; só se constroem no coletivo e, ainda, só quando há condições de análise e reflexão à luz das práticas.
e) Selma também enaltece a importância do espaço de ensinar: é preciso que as instituições garantam o espaço/tempo de construção das práticas, por meio de infraestrutura, de equipe pedagógica, de condições de profissionalização – carreira e salários adequados à dignidade profissional.
f) Considera que a Didática, como teoria do ensino, permite ao professor absorver instrumentos para construção/reconstrução e significação das práticas, sempre no coletivo do espaço escolar.
g) Considera que os saberes da experiência do docente só se transformarão em saberes quando ressignificados e reinterpretados pelo próprio sujeito. A mera repetição de ações (empírico da prática) não constitui saberes da docência.

h) Não existe prática sem teoria que a sustente; nem teoria distanciada de possibilidade de prática. O que forma o sujeito não é nem a teoria nem a prática, mas a articulação dos sentidos da prática com os significados da teoria.

Se considerarmos com Houssaye (2004) que só se fará pedagogo aquele que construir um *plus* na direção de articular a teoria com a prática pedagógica, poderemos afirmar, sem medo de errar, que a trajetória de Selma Pimenta é a trajetória de uma PEDAGOGA.

4. Bernard Charlot: a pedagogia da relação com o saber

Bernard é um pesquisador francês que vive e trabalha no Brasil há mais de dez anos.

Produziu duas importantes referências para a formação da subjetividade pedagógica no Brasil: uma decorrente das ideias expressas no livro *A mistificação pedagógica*, no início da década de 80 do século passado, e outra com a explicitação das questões decorrentes da teoria da relação com o saber, surgidas após a tradução do livro no país, e também de sua constante discussão dessa temática com os pedagogos brasileiros e da ressignificação dos dados da pesquisa desenvolvida na França em contato com a realidade brasileira.

O impacto do livro *A mistificação pedagógica* foi talvez potencializado pelo momento em que vivíamos aqui no Brasil: após vinte anos de ditadura e início da abertura política, os professores e pesquisadores

É autor de uma série de livros, entre os quais: *A mistificação pedagógica*: realidades sociais e processos ideológicos na teoria da educação. Rio de Janeiro: Zahar, 1979; *Les sciences de l'éducation*: un enjeu, un défi. Paris: ESF, 1995; *Da relação com o saber*: elementos para uma teoria. Tradução de Bruno Magne. Porto Alegre: Artmed, 2000; *Os jovens e o saber*: perspectivas mundiais. Tradução de Fátima Murad. Porto Alegre: Artmed, 2001; *Relação com o saber, formação dos professores e globalização*: questões para a educação hoje. Porto Alegre: Artmed, 2005; *A relação com o saber nos meios populares*: uma investigação nos liceus profissionais de subúrbio. Porto: Legis, 2009 (original: *Le rapport au savoir en milieu populaire*: une recherche dans les lycées professionnels de banlieue. Paris: Anthropos, 1999).

em educação estavam a pleno vapor na discussão/ redefinição de seus papéis sociais e profissionais.

Apenas para assinalar esse momento histórico, destaco um trecho de um texto sobre a Didática que elaboramos recentemente:

> *O mesmo ocorre em diferentes momentos históricos e um dos mais marcantes foi no início da década de 1980, quando a Didática foi posta em questão (Candau, 1983). Novamente observamos a Didática reverberando os movimentos sociais dos trabalhadores no período pós-ditadura e no bojo de movimentos sociais de reorganização da sociedade civil brasileira. Constituíram-se, nesses anos, movimentos sociais como sindicatos, organizações em prol da saúde e educação, lutas por moradia, organizações para assentamento dos sem-terra; organizaram-se as Conferências Brasileiras de Educação (CBEs); os encontros nacionais de pesquisadores em educação, como o Encontro Nacional de Didática e Prática de Ensino (Endipe); a criação da Associação Nacional de Pós-graduação e Pesquisa em Educação (Anped), entre outros. Houve nessa época fortes movimentos que buscavam a transformação das escolas, dos currículos, das práticas pedagógicas. Assim, fortaleceu-se a organização dos professores em sindicatos, acentuaram-se os movimentos reivindicatórios dos docentes, surgiram as greves, ampliaram-se os cursos de formação de professores e surgiram as lutas pela profissionalização dos docentes* (PIMENTA et al., 2010, p. 10).

É nesse clima social e político que surge a proposta de Bernard de discutir a constituição da Pedagogia à luz dos condicionantes ideológicos que instituem as práticas pedagógicas e organizam os sentidos que prescrevem os valores a serem vivenciados na escola.

Na década de 1980 foram realizadas seis Conferências Brasileiras de Educação (CBEs): I CBE, 1980 – São Paulo; II CBE, 1982 – Belo Horizonte; III CBE, 1984 – Niterói; IV CBE, 1986 – Goiânia; V CBE, 1988 – Brasília; VI CBE, 1991 – São Paulo.

Artigo apresentado na Anped 2010.

Na direção oposta dessa perspectiva, ele nos propõe uma pedagogia que emerge de um processo coletivo de constituição de um projeto nacional: uma pedagogia social da educação ajustada a um projeto de sociedade, a um projeto de futuro.

Afirmava com muita convicção: a pedagogia é um instrumento político de intervenção no social. Assim, em uma sociedade de classes, de luta de classes, nenhuma pedagogia deve ser vista como neutra nem como universal. Essa pedagogia deverá emergir da negociação com o social, com os diferentes grupos sociais, e demandará pôr em discussão a escola que temos e as razões de tê-la desta forma.

Bernard afirma que a pedagogia, seja ela tradicional ou nova, mascara ideologicamente o significado político da educação. Propõe a criação de uma pedagogia social que sirva de instrumento de luta de classes. Sua proposta surgia de forma crítica, uma vez que afirmava:

> *Uma pedagogia social, isto é, uma teoria da educação concebida como fenômeno político, apresenta, portanto, ela própria, uma significação política. Isso, no entanto, não significa que a transformação da sociedade passa prioritariamente pela ação pedagógica. A organização social repousa nas estruturas socioeconômicas e nas relações que engendram e não nas ideias ou na personalidade dos indivíduos [...]* (CHARLOT, 1986a, p. 304).

Logo a seguir, no entanto, vai destacar que a ação pedagógica não é negligenciável. Esta atua de modo indireto, e a luta pedagógica é um dos elementos da luta social, visto que uma pedagogia social, ao propor um projeto de sociedade, está propondo opções sociopolíticas. A luta pedagógica, afirma, está em relação dialética com a luta sociopolítica.

Os conteúdos curriculares trabalhados na escola seriam, nesse caso, aqueles decorrentes do projeto político-pedagógico.

Conforme já afirmei, essa proposta de Bernard entrou em muita sintonia com as ideias de pedagogos brasileiros. Libâneo, Selma Pimenta, Gadotti, entre outros, declararam que a perspectiva de uma pedagogia social inspirou muita reflexão naquele momento de revisões das teorias pedagógicas no Brasil.

Ainda nesse livro, Bernard põe em destaque a necessidade de a educação permanente também assumir o caráter de uma educação politicamente estruturada, em diálogo com as condições sociais do momento, superando a perspectiva de mera reciclagem ou treinamento de funções.

São, além disso, bem interessantes os alertas que Bernard faz, nos idos de 1984, sobre a inadaptação da escola ao momento atual. Muitas de suas afirmações caberiam ainda perfeitamente nos dias de hoje:

> *A escola transmite um saber fossilizado que não leva em conta a evolução rápida do mundo moderno; sua potência de informação é fraca comparada à dos* mass media*; a transmissão verbal de conhecimentos de uma pessoa a outra é antiquada em relação às novas técnicas de comunicação: a produtividade econômica da escola parece, assim, insuficiente* (p. 150).

Considero que os estudos de Bernard, nesse livro, aprofundam a significação sociocultural da infância, trazem as raízes de uma revolução na forma de investigar o outro, o aluno, a criança, o jovem. Ao refletir criticamente sobre a forma como a sociedade vinha tratando as características sociais, culturais e epistemológicas da infância, já nos incita a pensar na necessidade de nova lógica de compreensão, talvez de nova relação com o saber infantil.

Antes de analisar aquilo que mencionei serem as duas influências fundamentais de Bernard Charlot sobre professores/pesquisadores brasileiros, quero ainda referir-me a um livro seu que produziu muitas influências marcantes em minha produção sobre a questão da pedagogia. Trata-se de *Les sciences de l'éducation: un enjeu, un défi*, em que discute a questão epistemológica das ciências da educação, da Pedagogia e mesmo da Didática em diferentes países e circunstâncias, permitindo-me perceber a historicidade "relativa" do conceito de pedagogia como ciência e o fato de que muitas apropriações de conhecimentos sobre a questão pedagógica produzidos na França partiam de matrizes teórico-práticas incompatíveis com a realidade brasileira e, portanto, intransferíveis para nossa realidade.

> Cf. Charlot (1995).

Bernard vai ser instigado a buscar a prática da pedagogia social quando olha de frente e profundamente a questão do fracasso escolar. Adentrando as escolas de classe popular, algo o instiga: por que algumas crianças de classes populares têm sucesso nos estudos? O que as mobiliza? Focando as crianças nessa situação, ouvindo-as e interpretando-as, ele realiza verdadeira inflexão na pesquisa sobre as relações de ensino-aprendizagem. Surge sua mais profícua teoria: a da relação com o saber.

O que me chama a atenção é a inversão de foco da pesquisa que ele realiza. Bernard não foi investigar como se fazia na época: encontrar as causas do fracasso escolar e atribuí-lo às difíceis condições que cercavam as crianças desfavorecidas culturalmente. Pesquisas focadas nas carências! Seu grupo de pesquisa, instigado por ele, vai buscar compreensões em outra direção. Por que há crianças, nessas mesmas condições, que não fracassam? No livro, Bernard relata a forma como ele e seu grupo dialogaram com o objeto de estudo que elegeram: a relação com o saber (especialmente o saber escolar) construída entre crianças e jovens do Ensino Fundamental I e II de regiões do subúrbio de Paris (*banlieues*).

Escola: Educação, Socialização e Coletividades Locais, ligados ao Departamento de Ciências da Educação da Universidade de Paris VIII desde 1987.

Esse mesmo olhar vai também deter-se nos liceus profissionais de subúrbio. Em pesquisa mais recente, Bernard e equipe focam os jovens de classe popular, estudantes dos liceus profissionais, e, desta forma, aprofundam a metodologia de pesquisa por meio da análise de dados de 200 entrevistas semiestruturadas. Como já mencionei, um grande mérito destas investigações empreendidas por Bernard e equipe é também o aprofundamento da questão metodológica: há a priorização de verdadeira hermenêutica dos discursos dos jovens, a fim de aproximar-se dos sentidos que eles elaboram em suas relações com o saber escolar, permitindo ao pesquisador compreender a lógica da construção de tais sentidos. Mais que uma teoria, uma metodologia de investigação!

Le rapport au savoir en milieu populaire: une recherche dans les lycées professionnels de banlieue. Paris: Anthropos, 1999. Já existe tradução em português (cf. Charlot, 2009).

Sim, considero que, mais que um conceito, a relação com o saber é uma metodologia, uma pedagogia, uma hermenêutica da prática.

Bernard cria um discurso contra-hegemônico e decreta: não há fracasso escolar, o que existe são alunos em situação de fracasso escolar. O fracasso como categoria de análise é impossível de ser investigado. A inversão desse discurso tem implicações fundamentais para a Pedagogia: se não há fracasso, por que as crianças não aprendem? A questão estimula o estudo das circunstâncias que não se mostram apropriadas a determinadas crianças e jovens. Esta maneira de olhar os fatos apresenta novo desafio à Pedagogia: quais são as condições que produzem fracasso? Como dialogar com elas? E mais que isso: como trabalhar produtivamente com as crianças, com base em suas próprias relações com o saber? Como buscar dispositivos pedagógicos para enfrentar essa situação "nova" apresentada à Pedagogia?

Vale a pena ouvir Bernard alertando para a não simplificação do fenômeno:

> *Mas é preciso ter cuidado: relação com o saber não é uma resposta, é uma forma de perguntar. Na França, já ouvi professores dizendo: ele fracassa porque não tem relação com o saber. É um erro: cada um tem uma relação com o saber, inclusive quando não gosta de estudar. É, ainda, uma catástrofe ideológica, uma vez que, ao dizer que alguém não tem uma relação com o saber, reintroduz-se a análise em termos de "carências", justamente aquela que a noção de relação com o saber permite afastar. O problema não é dizer se a relação do aluno com o saber é "boa" ou não, mas, sim, entender as contradições que o aluno enfrenta na escola. Ele vive fora da escola formas de aprender que são muito diferentes daquelas que o êxito escolar requer. Essas contradições é que se deve tentar entender. Por isso, insisto muito sobre a heterogeneidade das formas de aprender. Há coisas que só se pode aprender na escola e, portanto, não se deve menosprezar esta instituição. Mas também se aprendem muitas coisas importantes fora da escola.*

Surge daí um fundamental princípio pedagógico: as formas por meio das quais se aprende são sempre individuais, heterogêneas, variadas. Isso requer da Pedagogia dispositivos que permitam relações quase que artesanais entre o sujeito e o conhecimento, relações pessoais, não generalizáveis, partindo das lógicas que cada um estabelece entre si e o mundo.

Pode-se observar bem a diferença: para Bernard, o educador precisa compreender como se constrói a circunstância do aluno que fracassa em um aprendizado, e não o que falta a essa circunstância para que o aluno seja bem-sucedido. O foco é o aluno e sua relação com o mundo, com a vida, com as circunstâncias. O foco é o sujeito, portador de desejos e possibilidades; sujeito capaz de subverter a lógica dominante, como estratégia de sobrevivência moral.

Com essa teoria, Bernard afasta o pressuposto (errôneo), muito vinculado às correntes sociológicas reprodutivistas, de que a pobreza social ou a insuficiência cultural induzem o insucesso escolar. Adverte que tais posicionamentos geram ainda o descompromisso social com os menos favorecidos e alerta para a necessária leitura positiva do sujeito, talvez na perspectiva de Michel de Certeau, ao afirmar que, mesmo dominados, os sujeitos reagem.

Ressalta que as pesquisas que realizou e realiza sobre a relação com o saber visam compreender como o sujeito categoriza, organiza e interpreta seu mundo; ou, mais especificamente, como o sujeito dá sentido à sua experiência, sobretudo à sua experiência escolar.

A teoria da relação com o saber também amplia o conceito de aprendizagem, uma vez que, para Bernard Charlot, saber e aprender são coisas diferentes. Saber, em sentido estrito, significa um conteúdo intelectual, enquanto o aprender é mais amplo e implica várias situações, tais como: adquirir um saber; dominar um objeto ou uma atividade; estabelecer formas relacionais. O aprender não se restringe à aquisição de um conteúdo intelectual, mas abrange todas as relações que o sujeito estabelece para adquirir esse conteúdo. Portanto, para Charlot (2000, p. 63), *"não há saber que não esteja inscrito em relações de saber"*. Isso põe em questão os processos de aprendizagem empreendidos pelo sujeito.

Evidencia-se, pois, que por meio da relação com o aprender é que o indivíduo assume sua condição humana, torna-se membro da espécie humana, um ser único e integrante de uma comunidade; ou seja, humaniza-se (torna-se homem), singulariza-se (torna-se único) e socializa-se (integra-se ao seu grupo social) (CHARLOT, 2000).

Essa evidência deveria levar a Pedagogia, a escola e, especialmente, as políticas de avaliação a repensar seus *habitus* e enriquecer suas teorias ao incorporar as três dimensões da relação com o saber: a dimensão epistêmica, a social e a de identidade, que, articuladamente, conferem à questão da desigualdade social e do fracasso escolar nova perspectiva de compreensão e de análise.

Da mesma forma, impõe-se a necessidade de novas práticas escolares, uma vez que, segundo o autor, não só os discursos são políticos, mas as práticas também. Precisamos mudá-las, e, para isso, é sempre bom lembrar: as práticas escolares não são aquelas escritas nos projetos político-pedagógicos, mas as decorrentes das ações vivenciadas a cada dia.

A prática pedagógica requer que o professor busque a atividade intelectual do aluno e a mobilize pelo desejo, fazendo que o aluno, mobilizado, "entre no jogo" da aprendizagem. Percebe-se que Bernard enfatiza muito a questão da atividade intelectual, e não qualquer atividade do aluno. Temos percebido muitas interpretações ingênuas de docentes que buscam atender à teoria pedagógica solicitando aos alunos fazeres desconectados de sua atividade intelectual.

> *Ensinar é, ao mesmo tempo, mobilizar a atividade dos alunos para que construam saberes e transmitir-lhes um patrimônio de saberes sistematizados legado pelas gerações anteriores de seres humanos. Conforme os aportes de Bachelard, o mais importante é entender que a aprendizagem nasce do questionamento e leva a sistemas constituídos. É essa viagem intelectual que importa. Ela implica em que o docente não seja apenas professor de conteúdos, isto é, de respostas, mas também, e em primeiro lugar, professor de questionamento* (CHARLOT, 2008, p. 20).

Vejo muita proximidade entre as ideias de Bernard Charlot e Paulo Freire, sobretudo na análise da importância fundamental do sentido para a aprendizagem. Mais que isso, o sentido como motor de construção de humanidade no sujeito – à qual Charlot se refere como autoestima ou dignidade –, como porta de entrada à possibilidade de criação/produção de processos de aprender. Acredito, ainda, que ambos consideram, como inerente à educabilidade, a dimensão coletiva e política da educação e, ao mesmo tempo, a perspectiva de que não se pode reduzir o sujeito a seu grupo social, visto que ele o transcende.

É interessante, também, atentar à conceituação de conteúdo, não compreendido como um rol de conhecimentos a serem transmitidos aos alunos, mas como atividade intelectual que dá sentido ao aprendizado, fazendo o aluno interagir com o processo de busca dos significados que permeiam a aprendizagem.

Entrevista concedida a Paloma Varón, revista *Educarede* (on-line), em 6 fev. 2003.

Em entrevista, ao ser perguntado como o professor deve motivar o aluno à aprendizagem, Bernard assim responde:

> *Ele deve saber que a lógica do aluno do meio popular é diferente da lógica da escola e também da dele. É por isso que esse trabalho é, ao mesmo tempo, difícil e apaixonante. O professor deve construir a função aluno na criança, pois ela não vem pronta de casa. Há professores que buscam motivações externas para motivar um aluno, mas isso pode criar um outro sentido. Tome como exemplo o professor que quer fazer um bolo para ensinar Matemática. O que o aluno quer é fazer e comer o bolo. Isso é muito artificial. O importante não é criar motivação, mas mobilização. E esta é interna e supõe o desejo do próprio aluno. O professor carrega nos seus ombros o patrimônio da humanidade. O problema é transmitir isso para o aluno. É essa transmissão que permite ao aluno se tornar um ser humano, se tornar um adulto. Exigências são necessárias para isso...*

Considero muito importante a questão referente ao papel do professor: construir o aluno na criança. Dessa construção antigamente as famílias e a sociedade se incumbiam, mas hoje tal tarefa cabe ao professor; se ele não o fizer, não haverá início do diálogo formativo.

Construir o aluno envolve uma questão fundamental que muitas vezes esquecemos: será que ele estudou? Será que sabe que é preciso estudar? Se é indispensável a atividade intelectual do aluno, é indispensável também o desejo, que mobiliza mecanismos que podem pôr o aluno em ação. Bernard assim se expressa:

> *A primeira questão é saber se o aluno estudou ou se ele não estudou porque se ele não estudou, é evidente que não aprendeu e fracassou. Segue uma outra questão: por que ele estudaria? Qual o sentido de estar na sala de aula fazendo ou recusando-se a fazer o que o professor está propondo? Qual é o prazer que pode sentir ao fazer o que deve fazer na escola?* As questões da atividade intelectual, do sentido, do prazer, *na minha opinião, são chaves do ensino* (CHARLOT, 2002b, p. 18, destaque meu).

Ele destaca o espaço escolar e a função social da escola:

> *A questão do saber é central na escola. Não se deve esquecer que a escola é um lugar onde tem professores que estão tentando ensinar coisas para os alunos e os alunos estão tentando adquirir saberes. Aí está a definição fundamental da escola* (p. 24).

A tais questões, relativas ao ensino nas escolas que temos, não existem respostas prontas. Bernard Charlot põe o dedo na questão essencial: estabelecer relações com o saber, tarefa que passa pela necessidade de mobilizar no aluno o sentido, a atividade intelectual e o desejo/prazer de aprender. É uma tarefa complexa para a qual Bernard indica o caminho, mas os meios ainda precisam ser reinventados pela Pedagogia, pelos docentes e pela sociedade.

Como decorrência importante, impõe-se a ideia de que a escola precisa centrar-se em ser um espaço de questionamento e, como tal, conduzir à produção/socialização de conhecimentos. Mais que isso, a prática docente deve instigar a mobilização da atividade intelectual, o que dará sentido aos saberes. Realça o autor que mobilizar é diferente de motivar: motiva-se com base em interesses externos, mas mobiliza-se com base em interesses internos. A motivação cria uma pedagogia artificial que, muitas vezes, cria armadilhas para a produção de reais aprendizagens. A escola e a prática docente devem fortalecer a autoestima dos alunos e assim articular saber e prazer, sem esquecer que é imprescindível o esforço de ambas as partes, do professor e do aluno; no entanto, não se deve esquecer também que as condições institucionais são fundamentais para permitir ao professor condições de trabalho e prazer em sua atividade.

Sintetizando as contribuições de Bernard para as questões discutidas neste livro, pode-se realçar:

a) A Pedagogia é uma prática social eminentemente política que requisita, para seu exercício democrático, projetos coletivizados de intencionalidade explícita, de forma a evitar a manipulação das massas em seu nome.

b) Os conhecimentos devem ser transmitidos pedagogicamente pela escola, mas sempre realçando que esses conhecimentos culturais são, antes de tudo, reflexões sobre o mundo, e não assimilação do mundo. Esse conceito original será desenvolvido mais enfaticamente na teoria da relação com o saber; mas, na essência, é o mesmo expresso desde *A mistificação pedagógica.*

> Talvez esse conceito de Bernard seja similar ao que propõe Paulo Freire: leitura de mundo, antes de leitura das letras!

c) A escola é uma necessidade social e um instrumento indispensável para o alargamento dos processos de socialização das crianças e jovens, funcionando como mediadora entre os modelos sociais; ou, como o autor realça hoje, mediadora das contradições existentes entre o indivíduo, o conhecimento e o mundo.

d) Segundo a teoria da relação com o saber, o aluno tem posição central no processo de ensino, e o sentido que este atribui ao conhecimento e à escola definirá as possibilidades de aprendizagem.

e) Não há fracasso escolar; há simplesmente alunos em situação de fracasso escolar.

f) O desejo é um elemento que passa a fazer parte da prática de ensino-aprendizagem. Ou se mobiliza o desejo, ou o sujeito não mobilizará suas possibilidades em relação à construção da aprendizagem. Como Paulo Freire, Bernard reflete: o professor não pode aprender pelo aluno!

g) A importância da autoestima a ser desenvolvida nos jovens por meio do saber: o saber precisa construir relações positivas com a autoestima do aluno; do contrário, este não entrará no jogo e desprezará esse saber que o despreza!

h) Toda pessoa tem atividade intelectual, mas mobilizar ou não essa potencialidade depende do sentido que ela confere àquilo que está ouvindo e à situação que está vivenciando. Isso realça a questão da individualidade das situações de ensino e aprendizagem. Cada criança, cada jovem constrói uma relação com o saber única, fruto das significações que foram sendo elaboradas em sua história pessoal.

i) Enfim, cabe ao professor construir o aluno na criança, e isso não é nada fácil! Explica Bernard: o professor deve entender que a lógica do aluno, principalmente o de classe popular, é muitas vezes diferente da lógica da escola. Nesta, é o estudante que vai realizar uma atividade intelectual para adquirir saber. Na lógica do jovem, é o professor quem vai ter esse trabalho. Seu papel é apenas sentar-se na sala e aguardar que lhe passem esses conhecimentos. O professor tem de mudar essa situação, construindo o aluno na criança, no adolescente, no jovem... A Pedagogia, como ciência, ainda precisa aprofundar estudos para fundamentar a prática de construção de novos sentidos para os alunos de classe popular sem domesticá-los, mas aproveitando e fazendo frutificar os saberes que já construíram e pondo-os em diálogo com novos saberes, produzidos por nossos antepassados, sem esquecer o alerta de Bernard: não apenas assimilar saberes, mas construir novas relações com eles.

5. Philippe Meirieu: Pedagogia entre o dizer e o fazer

Philippe Meirieu mora na França, onde nasceu em 29 de novembro de 1949. É filósofo e professor de Letras. Militou nos movimentos da Educação Popular. Foi sucessivamente professor de Francês no ensino particular e de Filosofia do último ano do liceu. Hoje é professor do ensino superior em Ciências da Educação. Foi o responsável pedagógico de um colégio experimental de 1976 a 1986, redator-chefe dos *Cadernos Pedagógicos* de 1980 a 1986, formador de professores e diretor do Instituto das

---

As suas obras mais conhecidas são: *A escola, modo de emprego*: dos "métodos activos" à pedagogia diferenciada (Paris: ESF, 1985); *Aprender... sim, mas como?* (Porto Alegre: Artes Médicas, 1998); *A escolha de educar*: ética e Pedagogia (Paris: ESF, 1991); *Frankenstein pedagogo* (Paris: ESF, 1996); *A escola ou a guerra civil* (Paris: Plon, 1997 – coautoria de Marc Guiraud); *Fazer a escola, fazer a aula* (Paris: ESF, 2004); *Pedagogia*: o dever de resistir (Paris: ESF, 2007); *A Pedagogia*: entre o dizer e o fazer (Porto Alegre: Artes Médicas, 1999).

Ciências e Práticas de Educação e de Formação (Ispef) da Universidade Lumière-Lyon II. Participou na criação dos Institutos Universitários de Formação de Mestres (IUFM). Dirigiu o Instituto Nacional de Investigação Pedagógica (INRP) de junho de 1998 a maio de 2000. Terminou, em 2006, o seu mandato de diretor do IUFM da Academia de Lyon e retomou a atividade como professor na Universidade Lumière--Lyon II. É ainda o responsável pedagógico da cadeia de televisão para a educação Cap Canal. Dirige a coleção "Pedagogias", na Editora ESF.

> Informo os dados básicos de sua biografia porque, apesar de muito importante, esse autor ainda não é muito conhecido no Brasil.

Philippe é considerado um dos maiores pedagogos franceses e exerce grande influência em vários países da Europa.

Seu objeto de estudo é a Pedagogia, analisada e interpretada em diferentes perspectivas: quer em sua possibilidade de atuar diferenciadamente, quer como instrumento de geração de educabilidade, como ação social, como fundamento para a prática docente, como mediadora entre a sociedade e a escola.

Entrevistei Philippe em janeiro de 2010, em Paris, por sugestão e intermediação de Bernard Charlot, meu supervisor no trabalho de pós-doutoramento. Na ocasião, percebi o profundo devotamento de Philippe à visão da Pedagogia como mediadora entre a teoria e a prática. Nessa ocasião, fiquei sabendo do seu empenho e militância na questão pedagógica. Estava entusiasmado com seu trabalho pedagógico em grande escala junto à cadeia de televisão Cap Canal, bem como com suas atividades de organizador da coleção "Pedagogias" junto à Editora ESF.

> A fita original da entrevista perdeu-se; fiquei com as anotações pessoais e com ecos da conversa que tivemos num espaço público parisiense.

Esse autor interessou-se muito cedo pela questão da pedagogia diferenciada como um dispositivo para a democratização da educação; percebeu logo que as pessoas aprendem por meio de ritmos e formas diferenciadas e assim, com a universalização da educação, seria preciso que a Pedagogia desenvolvesse procedimentos para atender aos itinerários específicos de cada aluno na construção da aprendizagem, com a finalidade de garantir a cidadania e os princípios republicanos que caracterizam a escola pública, laica e para todos.

Os estudos da pedagogia diferenciada conduziram Philippe a aprofundar a questão da ética na e para a educação e também uma das essências do que define como Pedagogia. O autor parte de dois pressupostos:

a) Todos precisam e devem aprender, devem ser educados, devem partilhar a cultura do mundo.
b) Não se aprende por decisão dos outros; é preciso que as pessoas queiram aprender, possam aprender e o façam com prazer.

Dando conta dessas duas premissas, entra em ação a ciência de educar, a arte de ensinar, ou seja, a Pedagogia. Esta é encarada como um fazer especial, arte e ciência, que permite mobilizar todos para o desejo e as possibilidades de aprendizagem, consideradas as condições reais de cada aluno.

Philippe considera que a Pedagogia deve debruçar-se sobre as questões da realidade, propondo tanto a compreensão das práticas pedagógicas como a produção de teorias que possam sustentar essas práticas, realçando sempre que a teoria emerge da prática e esta contém aquela.

Também vai sustentar que o ato pedagógico contém uma contradição essencial: transita entre emancipação e domesticação, uma relação muito delicada, que se estabelecerá segundo a consideração da liberdade do outro. Diz: *querer ensinar é crer na educabilidade do outro; no entanto, querer aprender é, também, crer nas possibilidades que o outro pode oferecer!*

Para ele, a Pedagogia tem certa *insustentável leveza* epistemológica, que decorre precisamente de sua recusa em ser tutelada por regimes de verdade prévios, sejam eles científicos ou filosóficos, e também se nega a ser mera expressão da prática e, muito menos, aplicação de uma teoria.

Segundo o autor, a matriz dessa ressignificação pode ser encontrada no ético, isto é, no momento do encontro entre o pedagogo – que tem um projeto para o desenvolvimento da criança e do jovem – e o "outro": *as pessoas dessa mesma criança e jovem, assumido como alteridade absoluta com a qual se tem de lidar.*

A escola, em seu ponto de vista, deveria ser a primeira instituição promotora da ascensão pessoal e profissional dos educandos, por meio de um esforço particular no desenvolvimento do ambiente/dimensão cultural e de práticas artísticas e culturais, para além do mero aprender a contar, ler etc.

Para Philippe, o papel do ensino deve ser, substancialmente, pôr em prática uma aprendizagem essencial, a aprendizagem da gestão autônoma dos saberes. O autor defende uma articulação das disciplinas (currículo) com as finalidades da escola (cultura escolar) (MEIRIEU, 1991, p. 129).

Tais questões são aprofundadas por ele na segunda parte de sua trajetória profissional, quando retorna à escola, à sala de aula, após dez anos de ausência, período em que esteve trabalhando com a formação de professores, com a pesquisa pedagógica e com o ensino nas universidades.

Esse retorno à prática será fundamental para a (re)construção de sua perspectiva pedagógica e do sentido de Pedagogia por ele assumido. Em conversa com o autor, na entrevista já citada, ele admite que realmente esse momento produziu grande inflexão em sua obra, no entanto considera que outros fatores também contribuíram para tanto. Talvez Zambrano Leal (2009) nos ajude a compreender, ao afirmar:

> *La perspectiva fenomenológica adoptada por Phillippe Meirieu después de 1990 le permite desarrollar una concepción de la pedagogía muy diferente a la que había adoptado en 1980. En estos años ella aparece en su espíritu bajo la forma de un dispositivo, vinculada a la práctica de la enseñanza y el aprendizaje; un dispositivo de transmisión de saberes según procedimientos metodológicos precisos. De hecho, cuando hablaba de grupos de aprendizaje, metacognición o situación problema, él adoptaba un punto de vista positivista. Esta idea cambia en alguna parte después de 1990 gracias a la lectura juiciosa de la obra de Emmanuel Levinas, Vladimir Jankélévitch, Paul Ricoeur [...]* (p. 222).

Zambrano Leal considera que o pensamento desses três filósofos lhe permitirá descobrir, de outra maneira, o conceito de liberdade e de universalidade. Ele passará a ver, na liberdade e na universalidade, a finalidade essencial de uma pedagogia centrada no futuro do outro. E, assim, Philippe vai adentrar fortemente na contradição entre instruir e liberar, educar e emancipar.

Essas questões de alguma forma perpassam as preocupações de Saviani, Libâneo e mesmo Charlot, em sua primeira fase, no estudo da pedagogia social.

Na ocasião da entrevista que com ele realizei, Philippe Meirieu falou-me também da importância da obra de Paulo Freire sobre tais questões acerca do papel da Pedagogia e do necessário compromisso do pedagogo com as classes populares. Contou-me quanto sua militância na educação popular conformava e construía seu pensamento pedagógico. Disse-me que, tendo as leituras de Paulo Freire como propostas e o choque com a prática como sinalizador, percebeu o caráter fecundo da tensão permanente entre teoria e prática. Além disso, percebeu a contradição entre o caráter emancipatório e o caráter domesticador que podem dar feições diferentes à prática da Pedagogia.

Dizia ele assim: *essa tensão entre teoria e prática, que constitui a grandeza e a fragilidade da Pedagogia, é, ao mesmo tempo, seu mérito e sua possibilidade de construir grandes transformações no aluno e mesmo na sociedade.* Para então afirmar que o estatuto social de um pedagogo não é decretado pelos programas de formação; e, ademais, não configura o resultado das contradições permanentes entre o que ele vive nas expressões da prática e a maturação atitudinal do conhecimento e do saber.

A já mencionada leveza epistemológica que caracteriza a Pedagogia reside precisamente na sua recusa em ser tutelada por regimes de verdade (científicos ou filosóficos) e, também, em ser considerada mera prática aplicadora de uma teoria.

Como já exposto também, o autor considera que a superação dessa contradição e a matriz dessa ressignificação podem ser encontradas no ético, isto é, no momento do encontro entre o pedagogo e o "outro"

– a criança e o jovem –, assumido como alteridade absoluta com a qual se tem de lidar (1991, 1995). Portanto, ao encontrar o outro, o projeto pedagógico adquire e cria realidade. Transforma-se e ajusta-se. Esse encontro do sujeito com a intencionalidade do pedagogo é o mágico e fundamental momento pedagógico!

Conversamos muito sobre o *momento pedagógico*. Crucial em sua obra, esse conceito prende-se a uma de suas importantes teses, a saber:

> *Na educação todo cidadão tem uma palavra a dizer... Mas nem tudo o que se diz é pedagogia. A pedagogia opera, em relação aos debates educativos, uma dissociação particular: ela emerge com o reconhecimento da* resistência do outro *ao próprio projeto educativo, e é isto que constitui, propriamente falando, o momento pedagógico* (2002, p. 37, destaque meu).

Meirieu deixou muito claro o significado que atribui ao momento pedagógico: uma vez que só se pode atuar com o aluno a partir de sua permissão, esse momento seria aquele em que o professor descobre que o aluno diante dele lhe escapa, não aprende, não compreende, não possui o desejo de aprender. O que fazer? O professor não pode abrir mão de seu projeto de ensinar, mas deve recuar e tentar encontrar esse outro, buscar as possibilidades de entrar em diálogo, em interação com esse aluno. Tal momento seria aquele em que o professor percebe um aluno concreto, um aluno que lhe impõe um recuo, o que, no entanto, não significa renúncia nem impossibilidade pedagógica (2002, p. 58)!

Meirieu (1995) assinala que o verdadeiro momento pedagógico acontece sempre que o professor reconhece a sua impotência educativa. Em sua opinião, o que podemos e buscamos fazer juntos é dialogar, propor e construir experiências que possam motivar o outro. Ele argumenta que apenas o reconhecimento de nossa impotência educativa nos permite encontrar um verdadeiro poder pedagógico: o de autorizar o outro a assumir seu próprio lugar e, com isso, a agir sobre os dispositivos e os métodos; o de propor-lhe saberes a serem apropriados, conhecimentos a serem dominados e transformados, que talvez lhe permitam, quando ele decidir, fazer-se a si mesmo (1995, p. 289).

A grande questão realçada por Philippe é que o professor tem o compromisso de transmitir saberes e cultura; no entanto, sabe que nem sempre pode fazê-lo, mesmo que o queira. Ele precisa aguardar ou construir o momento pedagógico. Só dessa forma a Pedagogia se concretiza. Assim afirmou em entrevista nosso autor:

> *A pedagogia a serviço da escola democrática é aquela que transmite conhecimentos com a garantia de que todos os alunos deles se apropriem e que, no ato da apropriação, haja uma emancipação: os conhecimentos devem ser vistos como libertadores e desenvolver a autonomia dos alunos. A pedagogia diferenciada permite a adaptação às necessidades individuais para tornar o ensino mais eficaz, mas também permite que cada indivíduo a desenvolva como reflexão metacognitiva, tornando-se mais autônomo* (tradução minha).

Entrevista a Alexandra Maria de Jesus, Universidade de Madeira, Portugal, 2010.

Fazer pedagogia significa refletir, recompor, tentar, adequar, exercer contínua vigilância sobre a intencionalidade, organizada e construída coletivamente, e as circunstâncias concretas da realidade atual. Significa incorporar os princípios da pedagogia diferenciada, ou seja, buscar o momento pedagógico de cada aluno, de cada circunstância. Essa sua proposta fundamenta-se no princípio da *educabilidade,* que funciona como mola propulsora da Pedagogia – aliás, como conceito definidor dessa ciência. Tal conceito reforça e enaltece a diferença entre instrução e educação. Na instrução não há reflexão, não há compromisso do pedagogo com as aprendizagens previstas; já o educar significa a reflexão contínua e constante sobre o ato de ensinar.

Assim Philippe assume que a característica do ato pedagógico é a contradição: entre dizer e fazer; entre propor e conseguir; entre a vontade pedagógica e a recusa de aprender; entre a manipulação e a emancipação; entre o discurso e a prática; entre a diretividade e a autonomia, ou mesmo entre a prescrição e a autoria; e, como realça muito, entre a instrumentalização da educação e sua prática como interpelação.

Afirma (MEIRIEU, 2002, p. 125):

> *A pedagogia constitui-se então como atividade em tensão permanente entre o que escraviza e o que alforria, atividade geralmente medíocre, sempre frágil, mas na qual às vezes se pode resgatar um pouco de humanidade. E é a própria contradição do discurso pedagógico que o torna não apenas tolerável, mas, a nosso ver, absolutamente insubstituível.*

Essa tensão permanente talvez seja o que mais o preocupa hoje. Falava-me de sua preocupação com o público heterogêneo e complexo que cada professor tem diante de si, sabendo *a priori* que a educação não se fará por decreto. Não há fórmulas a aplicar, há apenas sentido coletivo a construir. Está o professor preparado para enfrentar as resistências inexoráveis que o outro (o aluno) opõe? Seus recursos didáticos serão suficientes ante a diversidade que hoje uma sala escolar apresenta? Como lidar com alunos sem desejo de aprender? Como trabalhar com crianças e jovens que não construíram nos lares os sentidos da importância da escola? Assim se expressa ao comentar a singularidade de cada situação educativa:

> *Nunca saberemos como reagirão nossos alunos ou as crianças que nos são confiadas. Não sabemos, porque a aventura que vivemos com eles nunca foi vivida por ninguém antes de nós, pelo menos dessa maneira, e que seria errado acreditarmos, portanto, que alguém pudesse teorizá-la por nós. Isso acontece porque a pedagogia é, por natureza, um trabalho sobre situações particulares [...]* (MEIRIEU, 2002, p. 267).

É essa insustentável leveza da Pedagogia que o instiga a pensar na formação do profissional pedagogo, o qual deve, antes de tudo, formar-se no diálogo com a prática, no diálogo com a teoria e na interação entre ambas. Ele me falou muito do *aller/retour* (ida/regresso) que deve existir no processo formativo: deve-se utilizar uma prática acompanhada, partindo da análise das situações concretas, com base na teoria e nas decisões tomadas, e aperfeiçoando os instrumentos didáticos e dispositivos de formação. O *vaivém* entre prática e teoria, a busca incessante de meios para fundamentar o processo de ensino, o empenho por decisões cada vez mais adequadas às situações concretas parecem ser o caminho para lidar com a insustentável leveza da Pedagogia. Esta não funciona como prescrição, decreto, algo linear. Precisa ser gestada e construída a cada momento pedagógico. Tirar do docente a possibilidade de agir no momento pedagógico com ousadia e competência é tirar-lhe as possibilidades pedagógicas.

Philippe considera existir uma ruptura radical entre intencionalidade educativa e instrumentação pedagógica, recorrendo a Soëtard para reafirmar que a educação é o encontro de duas liberdades, uma certamente em proposição, a outra em demanda e em construção... *porém em uma construção na qual aquele que se constrói não deve fundamentalmente mais nada àquele que o constrói.*

No entanto, acredita na Pedagogia e nos recursos por ela proporcionados, enfatizando que não basta ao professor apenas aproveitar os interesses e conhecimentos trazidos pelo aluno: é preciso criar nele novos interesses e novos conhecimentos. Se o desejo não está lá, é preciso criá-lo, produzi-lo, reacendê-lo. Assim afirma:

> *A pedagogia muitas vezes se propõe apoiar-se num interesse já existente no aluno para, a partir daí, levá--lo a descobrir outros domínios aos quais ele não tem nenhuma inclinação particular. Mas pode-se também apostar na capacidade do professor de tornar o conhecimento atraente, apresentando-o de tal maneira que o aluno possa descobrir a alegria de compreender [...]* (tradução minha).

Essa postura pedagógica de insistir e buscar o aluno decorre do reconhecimento da incapacidade de impingir conhecimento ou educação ao outro. É preciso buscar um espaço de permissão do outro, de forma que a ação pedagógica tenha início. Trata-se de posições que o aproximam muito do pensamento e da prática de nossos pedagogos brasileiros sobre os quais aqui

---

SOËTARD, Michel. Rousseau et Pestalozzi: de l'intention à l'action. *Apprendre*: Université Lumière-Sciences de l'Education, Courrier n. 34, sept. 1995.

Entrevista a Alexandra Maria de Jesus, Universidade de Madeira, Portugal, 2010.

refletimos, especialmente Paulo Freire e a questão do diálogo e Selma Pimenta e a questão da formação.

Para nosso autor, a grande dificuldade da Pedagogia será sempre articular seus três polos constituintes:

a) polo axiológico – valores, atitudes, questões éticas;
b) polo científico – conhecimento e teorias do fenômeno educativo;
c) polo praxiológico – prática educativa e sua concretude e possibilidades.

Segundo Meirieu, a Pedagogia tem muito a oferecer aos docentes para dialogar com sua prática. Em palestra que realizou na Universidade de Lisboa, ele sinalizou bem as possibilidades da Pedagogia, enaltecendo alguns pontos fundamentais nos quais ela, como ciência, pode refletir e produzir conhecimentos. A mim, na entrevista, externou sua preocupação pela necessidade de um pacto social em torno de uma pauta mínima para educar a sociedade e facilitar o trabalho dos educadores e da escola.

Mutations sociales, pédagogie et travail des enseignants, 17 fev. 2009.

1) Trabalhar pedagogicamente o desenvolvimento do respeito à criança, ensinando-a também a respeitar. Sem respeito não há relação pedagógica.
2) Os métodos utilizados pela Pedagogia devem produzir atividade intelectual nos alunos, levando-os a raciocinar, refletir, criar sentidos e não apenas mecanizar informações e respostas.
3) É importante aprender a aprender, mas é preciso que o professor saiba ensinar a aprender; saiba o que e como ensinar, a fim de poder maximizar os momentos pedagógicos.
4) O professor deve ter suas necessidades profissionais e pessoais reconhecidas. Não basta atender

aos interesses dos alunos, os professores precisam de condições para viver e trabalhar.

5) A Pedagogia deve ser sempre diferenciada, porque nem todos aprendem no mesmo ritmo nem da mesma forma. Há necessidade de criar caminhos alternativos para cada conjunto de alunos. Em vista disso, o professor precisa conhecer uma diversidade de procedimentos didáticos a fim de acompanhar as diferenças e ter apoio pedagógico para discuti-las pedagogicamente e atuar sobre elas. O saber não é soma de técnicas, mas estas são necessárias para dar liberdade ao professor para discutir e propor.

6) Não se pode esquecer que a prática pedagógica não é linear nem programável; no entanto ela precisa ser planejada e organizada.

7) Os alunos precisam sentir-se motivados para aprender, entusiasmados. Diz Meirieu: não basta dar água a quem tem sede! É preciso ensinar a ter sede e buscar água. Essa é tarefa fundamental da ação pedagógica. Trazer o outro para o processo educativo; saber vencer a natural resistência do outro.

8) É preciso, para educar, ordem e liberdade, direção e autonomia. Nesta tensão a educação deve caminhar.

9) Não se pode abandonar a perspectiva da universalidade: a cultura precisa ser vivida e apreendida pelos alunos. A Pedagogia deve buscar meios e formas de atuar nessa direção. É direito dos alunos ter acesso aos significados culturais construídos.

10) A Pedagogia não deve basear-se em verdades prontas, construídas *a priori*; é preciso conviver com a insustentável leveza, sabendo, no entanto, que o que substitui a certeza é a reflexão, a inventividade,

o diálogo! O professor precisa ter condições de profissionalização para desenvolver-se nessa direção.

A grande questão sobre a qual Philippe avança é o enfoque da Pedagogia à luz de sua inerente impossibilidade de atuar sobre o outro ou sobre a realidade. No entanto, essa impossibilidade é, na realidade, sua possibilidade de concretizar-se como instrumento emancipatório. Não lhe convém nem lhe cabe atuar de forma impositiva, prescritiva ou domesticadora. Para realizar-se, ela requer e deve buscar procedimentos reflexivos, interativos e dialógicos. Ao ignorar tais procedimentos, deixa de ser Pedagogia para funcionar tão somente como ação instrumental. Ao buscar tais procedimentos, porém, realiza-se como construtora de humanidade. É dessa Pedagogia, considerada em sua leveza, de que precisamos para redirecionar o sentido e as possibilidades da convivência democrática.

6. Perspectivas expostas no capítulo

Busquei neste capítulo compreender as possibilidades da Pedagogia como fundamento da prática docente com base nas produções de alguns pesquisadores contemporâneos que muito publicaram e continuam publicando sobre a temática.

Como visto, pus em foco autores por muitos já considerados clássicos da Pedagogia brasileira – a saber: Saviani, Libâneo e Selma Pimenta –, além de Bernard Charlot, franco-brasileiro totalmente inserido na nossa cultura pedagógica, e Philippe Meirieu, francês com muitas obras traduzidas no País a quem dediquei muitos momentos de estudo no processo de elaboração deste livro, uma vez que sua preocupação é a mesma que aqui expresso: o que/como pode a Pedagogia contribuir para a melhor compreensão/ adequação/transformação da prática docente.

Para tentar responder a essa provocação feita a mim mesma, fui tentando neste livro, desde o início, delinear o sentido de Pedagogia não só pelas teorias nem só pelas práticas, mas pelas duas, interpretadas e amalgamadas naquilo que aqui denomino "subjetividade pedagógica", no sentido que já realcei: como a história, a teoria e as práticas pedagógicas estão sendo interpretadas por seus protagonistas.

Ao analisar os posicionamentos dos autores aqui referidos, percebi algumas tendências que se foram esboçando e que parecem esclarecer o papel da Pedagogia na prática docente e auxiliar na compreensão da subjetividade pedagógica em construção.

Antes de tudo, é preciso destacar o contexto das produções dos autores: os três brasileiros (Selma, Libâneo e Saviani), especialmente, elaboraram as reflexões que aqui apresento a partir da década de 1980, período pós-ditadura ou de *abertura política*.

> Expressão usada para designar o processo de transição entre a ditadura militar, iniciada com o golpe de 1964, e a reinstauração da ordem democrática na década de 1980, com a eleição de Tancredo Neves em 1985 ou, mais rigorosamente, com a promulgação da nova Constituição em 1988.

O trabalho de Charlot, *A mistificação pedagógica* (1986a), chega-nos nesse mesmo período de pós-ditadura. Os trabalhos de Meirieu aqui citados correspondem ao que chamo de segunda fase de sua produção, na década de 1990, quando o autor retorna ao chão da escola, à prática, e parece superar certo viés positivista que marcou sua obra inicial, assumindo uma dimensão mais crítica em face da Pedagogia e um olhar mais politizado ao considerar a função da escola.

Pode-se, pois, afirmar que no conjunto dos autores existe uma ênfase na consideração da Pedagogia em sua perspectiva política, numa reação à interpretação limitante das *teorias crítico-reprodutivistas,* muito vigentes na década anterior.

> Expressão cunhada por Saviani (1985).

Assim, esses autores vão construindo uma perspectiva de escola já não identificada como "redentora" da humanidade, nem mesmo como espaço de "redenção" ou "correção" das classes populares. A escola passa a ser vista como um território de luta e a ser compreendida como espaço de contradições, decorrente das múltiplas tensões e determinações que a atingem.

Como espaço de contradição, é vista e considerada em toda sua complexidade. Requer uma ciência que a ajude no diálogo com suas circunstâncias e perspectivas. Destaquei aqui um pouco desse movimento de busca de sua cientificidade, mais que isso, de sua especificidade, empreendido especialmente por Libâneo e Pimenta.

Nesse processo emerge uma questão fundamental, a possibilidade de quebra da hegemonia cultural almejada pela escola clássica, tradicional. Emerge a questão dos saberes populares, do tratamento social do currículo, da função social da escola. Analisamos sobretudo o trabalho de Saviani e Libâneo, ao se defrontarem com a questão da função social da escola diante dos conteúdos: há conteúdos universais? De que saberes a classe popular necessita? É direito das classes populares interpretar, degustar o saber acumulado por seus/nossos antepassados? Perguntas emergem: é a escola o espaço privilegiado para a socialização da cultura? Mais importante que isso: de que cultura falamos ou de que cultura precisamos? Qual é o papel dos saberes populares ante a cultura universal?

Este tema empenha muito os pedagogos: papel da escola e papel dos conteúdos curriculares. Alertam os pedagogos aqui mencionados: mais que elenco de conteúdos, o que é pedagógico mesmo é a forma de transmitir/dialogar/construir processos de vida e formação com base nos elementos de conteúdo. Tais reflexões estão postas e ainda sendo aprofundadas, especialmente com a evolução dos estudos multiculturais, multirreferenciais e outras modalidades de tratamento metodológico dos currículos.

Essas questões vêm sendo ressignificadas com as tentativas de universalização da escolaridade. Quantitativamente, pode-se afirmar que o ensino fundamental está universalizado no Brasil, mas qualitativamente não está, uma vez que grande parte das crianças em idade escolar frequenta escolas que – por falta de condições básicas, tanto de infraestrutura quanto de qualidade na formação de professores e de estrutura pedagógica – são incapazes de funcionar como tais. Não conseguem ensinar na direção das perspectivas previstas para a sua finalidade: ensino de qualidade para todos em escolas laicas, gratuitas e democráticas.

Partilhando os estudos desses autores, vemos que a Pedagogia, por eles significada, compreende, entre outras coisas, as seguintes noções:

a) Os saberes populares são componentes importantes e fundamentais para a tessitura da jornada pedagógica dos alunos; para a criação de saberes partilhados com a escola e com os diferentes grupos sociais de seus protagonistas; para dar sentido e contextualização a novos aprendizados. Portanto, devem ser incorporados e ressignificados. Como lidar com os conteúdos socialmente construídos? Há que disponibilizá-los, organizados didática e pedagogicamente, a todos os alunos, permitindo diálogos que solicitem aos professores práticas inovadoras, emancipatórias e críticas. Na realidade, vejo que o maior problema é a banalização da transmissão de conteúdos sem sentido e sem significado para os alunos. Mais importante do que *o que* ensinar é o *como* e *para que* ensinar.

b) Parece também haver consenso em que aprender a aprender é meta essencial do processo de ensino e é mais importante que aprender "as coisas". No entanto, esse processo carece do "saber ensinar" – exigido aos professores – e de ambiente para vivência das indispensáveis condições de autonomia intelectual. O conteúdo é inerente ao aprender a aprender, mas é preciso que o professor domine as técnicas didáticas necessárias para desencadear o processo. O aluno precisa, também, das referências construídas com o auxílio do professor, de suas análises e posicionamentos críticos. Enfim, a Pedagogia indica que aprender a aprender é o caminho, o qual, no entanto, se fará com condições institucionais, com professores valorizados em seu processo de profissionalização e vida, com as escolas equipadas e percebidas como locais dignos, democráticos e saudáveis de exercício da humanidade.

c) Duas condições são básicas para o exercício da prática pedagógica: a construção do sentido e a prática do diálogo. O sentido que vem do diálogo e o diálogo que cria sentido. No entanto, diálogo e criação de sentidos não são práticas naturais. São práticas históricas e dependem de certas condições para existirem, tais como: a problematização com base na prática social, como proposta por Saviani; a organização pedagógica da sala de aula, que implica um planejamento flexível do espaço/tempo escolar, como realça Libâneo; o desenvolvimento de saberes pedagógicos que fundamentam a docência, como investiga Pimenta; a busca de condições para despertar no aluno o desejo de aprender, como propõe Meirieu; a mobilização do potencial intelectual do aluno, como sugere Charlot; entre outras.

d) A Pedagogia não se exerce no vazio, não funciona com diretrizes e orientações. Ela existe na mediação dos processos e vai-se constituindo como vigilância crítica na proposta de compreender e transformar a prática. A grande questão será sempre a seguinte: transformar em que direção? Respondo que a direção será sempre a de construção de mais vida e mais humanidade. Vida e humanidade solicitam à Pedagogia condições. A Pedagogia não é uma vara mágica que transforma as situações institucionais; ela indica, propõe, exerce a vigilância. Um bom ensino requer boas condições institucionais, boas condições de vida e salário para os professores, muito respeito aos alunos, para os alunos e dos alunos.

Capítulo III

Práticas pedagógicas nas múltiplas redes educativas

Práticas pedagógicas nas múltiplas redes educativas

Neste capítulo, quero discutir a questão das práticas pedagógicas, tendo como pano de fundo das reflexões a questão central da Didática. Qual seria ela? Na realidade, tal questão ainda está vinculada à grande pergunta e proposta de Comenius: como ensinar tudo a todos? Não nos esqueçamos de que a lógica da Didática é a produção da aprendizagem (nos alunos) mediante processos de ensino previamente planejados.

Quando falo de Didática, sou conduzida a focar o ensino escolar. O ensino instigado na escola e que, portanto, solicita planejamento. No entanto, cada vez mais, sabe a Didática que, ao planejar o ensino, é esperada determinada aprendizagem. Ou seja, planeja-se o ensino na intencionalidade da aprendizagem futura do aluno. O grande desafio da Didática tem sido a impossibilidade de controle ou previsão da qualidade e da especificidade das aprendizagens que decorrem de determinadas situações de ensino. Já dizia Sócrates: *o ensino é sempre mais que o ensino!*

A questão de Comenius, que reverbera na questão da Didática atual, é extremamente contraditória e instigante. Instigante, porque o planejamento do ensino, por mais eficiente que seja, não poderá controlar a imensidão de possibilidades das aprendizagens decorrentes. Essas aprendizagens serão a base do próximo passo do ensino bem planejado!

Contraditória, uma vez que, na lógica da Didática, parece haver uma dissonância básica: o ensino só se concretiza nas aprendizagens que produz! E sabe-se que as aprendizagens, bem estudadas pelos pedagogos cognitivistas, em sentido amplo decorrem de sínteses interpretativas realizadas nas relações dialéticas do sujeito com seu meio. Não são imediatas nem previsíveis, mas ocorrem por interpretação do sujeito aos sentidos criados, às circunstâncias atuais e antigas; em suma, não há correlação direta entre ensino e aprendizagem. Quase se pode dizer que as aprendizagens ocorrem sempre para além ou para aquém do planejado; ocorrem nos caminhos tortuosos, lentos, dinâmicos das trajetórias dos sujeitos... Radicalizando essa posição, Deleuze afirma, em *Diferença e repetição*, que não é possível saber e controlar como alguém aprende (2006, p. 237).

As aprendizagens ocorrem entre os múltiplos ensinos inevitavelmente presentes na vida das pessoas, os quais competem com o ensino escolar ou o potencializam. Há sempre concomitâncias de ensino. Aí está o desafio da Didática hoje: tornar o ensino escolar tão desejável e vigoroso quanto outros "ensinos" que invadem a vida dos alunos. Além disso, tem o desafio de compatibilizar esses "ensinos", potencializá-los, dialogar com eles. O ensino escolar precisa, com a intervenção da Didática, tornar-se uma prática que se constitui em *foradentrofora* da *escolavida*.

Apesar dessas características e das dificuldades em conciliar o ensino com as condições de não controle da aprendizagem, ainda assim não acredito na pedagogia anarquista, em seu amplo sentido. Considero que as relações entre professor, aluno, currículo e escola impõem uma convivência tensiva e contraditória entre o sujeito que aprende e o professor que se organiza e prepara as condições para ensinar. Basta imaginar o professor como desencadeador de processos de aprendizagem e "acompanhador" das possibilidades múltiplas de retorno de sua ação para perceber que o processo desencadeado produz novas aprendizagens, as previstas e outras não previstas, as desejadas e as não desejadas. Enfim, como na vida, o que decorre da ação de um bom ensino serão sempre situações imponderáveis! O importante é acompanhar, vigiar, recompor e readequar o planejado inicial. Essa dinâmica, que vai do desencadeamento de situações desafiadoras, intrigantes e exigentes para os alunos aos retornos que estes produzem, misturando vida, experiência atual e interpretações dos desafios que se apresentam, é a marca da identidade do processo de ensino-aprendizagem, visto em sua complexidade e amplitude.

Assim, cabe à Didática planejar e sistematizar a dinâmica dos processos de aprendizagem. Ou melhor, caminhar no meio de processos que ocorrem para além dela, a fim de garantir o ensino de conteúdos e práticas tidos como fundamentais para aquela etapa da formação do aluno e, mediante este processo, fomentar nos sujeitos mecanismos que poderão qualificar/redirecionar as novas aprendizagens para além da escola. Caberá à Didática saber recolher, como ingredientes do ensino, essas aprendizagens de outras fontes, de outros mundos, de outras lógicas, para incorporá-las na qualidade de seu processo de ensino e na ampliação daquilo que se considera necessário para o momento pedagógico do aluno.

Sabe-se do caráter circunstancial dos conteúdos de aprendizagem levados em conta em determinado momento pedagógico. No entanto, a expectativa é que a seleção de práticas seja cada vez mais ampliada e qualitativamente diferenciada, de forma que o ensino seja cada vez mais ensino/leitura do mundo e cada vez menos ensino/informações do mundo.

Quais práticas pedagógicas possibilitarão à Didática dar conta da complexidade da tarefa de ensinar em meio a redes educativas cada vez mais emaranhadas e impregnantes? E afinal, o que são práticas pedagógicas? Este capítulo procurará responder a tais questões.

1. Práticas pedagógicas

É comum considerar que práticas pedagógicas e práticas educativas sejam termos sinônimos e, portanto, constituam práticas unívocas.

No entanto, ao falarmos de práticas educativas, estamos referindo-nos a práticas que ocorrem para a concretização de processos educacionais. Já ao falarmos de práticas pedagógicas, estamos referindo-nos a práticas sociais exercidas com a finalidade de concretizar processos pedagógicos. Falamos, então, de práticas da Educação e práticas da Pedagogia. Afinal, Pedagogia e Educação são conceitos e práticas distintas?

Sim; próximas, mutuamente articuladas, mas com especificidades diferentes. Pode-se afirmar que a educação, epistemologicamente falando, é o objeto de estudo da Pedagogia; já ontologicamente, é vista como um conjunto de práticas sociais que atuam e influenciam na vida dos sujeitos de modo amplo, difuso e imprevisível. A Pedagogia pode ser considerada uma prática social que procura organizar/compreender/transformar as práticas sociais educativas que dão sentido e direção às práticas educacionais. Digamos que a Pedagogia impõe um filtro de significado à multiplicidade de práticas que ocorrem na vida das pessoas. Digo a alunos iniciantes: *a educação realiza-se no atacado; já a Pedagogia se realiza no varejo...* A diferença é de foco, abrangência e significado.

Na realidade, pode-se afirmar que a Pedagogia realiza um filtro nas influências sociais que, na totalidade, atuam sobre uma geração. Essa filtragem é estabelecida por instituições sociais com fins educativos: a família e a escola, especificamente. Houve tempos em que a Igreja também exercia esse forte papel. No entanto, desde o final do século XX, temos percebido o esvaziamento das funções sociopedagógicas dessas instituições. Mecanismo utilizado pela ação pedagógica, a filtragem é em verdade um processo de regulação, um processo educativo.

Como prática social que oferece uma direção de sentido às práticas que ocorrem na sociedade, a Pedagogia tem um caráter eminentemente político. Ela impõe/propõe/indica uma direção de sentido. Processos vinculados à mídia, à TV, às redes sociais *on-line*, à internet passam a ser, neste atual século, as grandes influências educacionais sobre as novas gerações, competindo com as escolas em desigualdade de condições. A escola e suas práticas pedagógicas têm tido dificuldade em mediar e potencializar tais alcances. Como pode a Pedagogia mediar tais influências? Como transformar tais influências em processos educativos?

A grande questão atual da Pedagogia: como educar/ formar mediando tantas influências educacionais? Essa questão alerta-nos para a complexidade das práticas pedagógicas e para o grande desafio que se apresenta à Didática: como trazer à escola essa multiplicidade de influências e trabalhar pedagogicamente com base nelas?

Reafirmando o conceito de práticas pedagógicas, considero-as práticas que se organizam intencionalmente para atender a determinadas expectativas educacionais solicitadas/requeridas por dada comunidade social. Nesta perspectiva é que as práticas pedagógicas enfrentam, em sua construção, um dilema essencial: sua representatividade e seu valor advêm de pactos sociais, de negociações e deliberações com um coletivo. Isto é, elas se organizam e se desenvolvem por adesão, por negociação ou ainda por imposição. Por certo essas formas de concretização das práticas produziram faces diferentes para a perspectiva científica da Pedagogia!

> Para aprofundar a questão, cf. Franco (2001).

Cito alguns exemplos, na tentativa de explicitar o conceito de prática pedagógica.

Entrevistei algumas professoras alfabetizadoras, buscando compreender como organizavam suas práticas docentes em relação aos procedimentos didáticos de alfabetização infantil. Percebi nas entrevistas que a grande questão eram as práticas mediadoras do processo. Era comum afirmarem que tais práticas variavam de escola para escola e condicionavam o processo didático. Realçavam não haver ainda consenso sobre a idade/fase em que a criança deveria iniciar formalmente esse processo. Mais precocemente, conforme o desejo de alguns, ou só após os 7 anos, segundo o parecer de outros? Outras questões referiam-se a fundamentos epistemológicos do processo: alfabetização ou letramento? Cartilhas ou livros de alfabetização? Sabe-se que o letramento requer um contexto de leitura, materiais variados, círculos de conversas e diálogos. Nem sempre as professoras tinham controle sobre esses aspectos que impactavam diretamente suas práticas.

Trago esse exemplo para realçar que a prática pedagógica de alfabetização convive com decisões que antecedem a prática de sala de aula, tais como: que enfoque epistemológico utilizar? Quais serão os materiais didáticos de suporte? Que métodos priorizar? Percebe-se haver decisões que extrapolam/transcendem a sala de aula. A prática de letramento supõe um esforço familiar e social para vivência de práticas de leitura de mundo. A escola sozinha não pode inserir o aluno no universo letrado, no contexto e no gosto da leitura e da escrita. É preciso a adesão dos pais, de outras entidades sociais do bairro; valorização por parte da mídia; participação coletiva de outras disciplinas escolares etc.

Quando me refiro a práticas pedagógicas de alfabetização, preciso considerar a confluência de muitos fatores que, de uma forma ou de outra, vão repercutir na ação docente. Há decisões em todo o processo: como trabalhar com a criança que caminha em um ritmo diferenciado? Como produzir processos de inclusão na sala de aula? Como lidar com a criança desinteressada? Como incluir os pais no processo, uma vez que estudos indicam que a presença interessada deles alavanca o interesse pela leitura?

> *"Letrar é mais que alfabetizar, é ensinar a ler e escrever dentro de um contexto em que a escrita e a leitura tenham sentido e façam parte da vida do aluno"* (Magda Becker Soares).

Ou seja, uma prática pedagógica é formada por um conjunto complexo e multifatorial. O professor em sala de aula atua com base em decisões já tomadas ou não; com base em convicções já estruturadas ou não. Reitero que – por serem expansivas, por "se infiltrarem" na cultura de forma a estruturar sua legitimação, por se aninharem em práticas já existentes – as práticas pedagógicas requerem adesão, negociação e, em alguns casos, imposição. Por exemplo, a obrigatoriedade de encaminhar crianças à escola, ainda que conte com a adesão na maioria dos casos, é também fator de imposição. A escolha, pelos pais, de determinadas escolas em detrimento de outras deve-se a decisões deste tipo: alguns preferem matricular a criança na escola X, porque lá a alfabetização se inicia logo depois dos 4 anos de idade; outros preferem a escola Y, onde a alfabetização é tardia em relação à anterior. São escolhas, muitas vezes adesões a alguma proposta pedagógica, outras vezes adesões que envolvem negociações e acertos mútuos. No caso de escolas públicas nota-se, na maioria das vezes, imposição de propostas pedagógicas, apesar de haver honrosas escolas que trabalham muito bem o planejamento participativo.

Decisões, princípios, ideologias, estratégias... Trata-se de ingredientes estruturantes das práticas pedagógicas. Assim, afirmo: tais práticas só podem ser percebidas e compreendidas na perspectiva da totalidade.

Percebe-se a necessidade de que as práticas pedagógicas explicitem sua intencionalidade e dialoguem com os coletivos sobre os quais atua. Práticas pedagógicas impostas, sem tais explicitações, tendem a ser superficialmente absorvidas e carecer da adesão do grupo que as protagoniza. Analisemos outro exemplo de pesquisa que realizei (FRANCO, 2008) na tentativa de compreender como os professores estavam significando a obrigatoriedade de não reprovação das crianças de primeiro ciclo nas escolas estaduais paulistas quando da implementação do projeto de *progressão continuada*. Pois bem, estamos referindo-nos a práticas pedagógicas de avaliação. Práticas históricas, vinculadas a uma história profissional, que implicam relações de identidade, de poder, de autonomia. No entanto, tais práticas não ocorrem de pronto nas salas de aula. Estão vinculadas a solicitações de políticas educacionais oficiais, a delimitações das instituições de ensino, às circunstâncias em que a instituição se insere: escola pública? Escola particular? Escola para que classe social? Além disso, vinculam-se às especificidades e circunstâncias do trabalho docente.

> Este regime passou a vigorar no Estado de São Paulo após a Deliberação nº 9/1997, responsável por instituir oficialmente a progressão continuada, adotada a partir de 1998 em todas as escolas da rede estadual. Desde então, a retenção de um aluno só acontece ao final dos ciclos em casos extremos de não superação dos conteúdos e de faltas acima de 25%.

Lembro-me de uma professora, Leonilde, que me disse: *"Meus alunos aprendem, gosto de trabalhar com eles, poucos deles não obtêm êxito e são reprovados. Não quero e não gosto de reprovar. Mas essa medida humilha os professores, tira de nós o ato de avaliar, sinto como uma invasão no nosso saber fazer..."* Sim, Leonilde tem razão! Uma nova prática pedagógica, não suficientemente discutida com o coletivo, impõe uma mudança no modo de cada professor lidar com sua tarefa. Na mesma ocasião, outra professora, Edwirges, dizia: *"Tudo seria ótimo se a escola tivesse infraestrutura pedagógica para acompanhamento das crianças em defasagem de aprendizagem! Precisamos de um novo espaço/tempo pedagógico para acompanhá-las em tempo integral"*. Também esta professora está coberta de razão.

Além disso, há uma história das práticas, cultural e socialmente engendradas, o que produz expectativas de papel e representações sociais variadas; há uma história da profissão, do papel social do professor, o que delimita poderes e perspectivas no exercício do ser e estar na profissão. Nesse cenário de tantas práticas e culturas aninhadas, que criam e criaram um *ethos profissional*, como mudar as práticas por decreto? Como dizer que doravante a profissão de professor perderá uma instância essencial de sua atividade? Deliberar sobre princípios, métodos, perspectivas e intencionalidades do processo de avaliação da aprendizagem passa a não ser da competência do docente, nem do coletivo dos docentes, nem das orientações das teorias pedagógicas; outros interesses, não explícitos, comandam a organização de novas práticas pedagógicas.

No entanto, sabe-se, conforme realça Certeau (2001), que as práticas nunca são reflexo de imposições; elas reagem, respondem, falam e transgridem. Assim, os professores transformam suas práticas anteriores, criam artimanhas e táticas para adaptar-se às novas circunstâncias. Neste processo, criam-se satisfações e insatisfações.

Se, como dissemos antes, as práticas pedagógicas são práticas que se constroem para organizar determinadas expectativas de um grupo social, pergunto: que expectativas estão presentes nas alterações impostas ao processo avaliativo, realizadas sem a adesão de professores, de pais, talvez nem mesmo de alunos? São práticas que se impõem sem negociações, sem adesões. Continuam a ser práticas pedagógicas? Sim, embora impostas; sim, apesar da não explicitação de suas intencionalidades; sim, produzirão alterações na cultura da prática docente, no ambiente das salas de aula, nas representações sociais do sentido da escola, do sentido da aprendizagem, do sentido das avaliações.

Os professores reagirão, criarão artimanhas para conviver com a situação, mas isso não é suficiente! É

No programa de progressão continuada (cf. *link* anterior).

preciso saber o rumo que toma essa reorganização das práticas, uma vez que, em situação de insatisfação profissional, se podem produzir efeitos não desejáveis contra a escola, contra a educação das crianças. Quero realçar que esse professor que, a princípio, parece apático pode ser, na realidade, um professor reagindo, criando formas e meios de fazer diferente. Pode-se acreditar que há sempre tensões entre o imposto e o vivido no cotidiano e que, neste espaço de contradição, se há desânimo, há também esperanças!

Analiso esses exemplos para comentar o caráter das práticas pedagógicas: a) adentram na cultura escolar, expandem-se na cultura social e modificam-na; b) pressupõem um coletivo composto de adesão/negociação ou imposição; c) expressam interesses explícitos ou disfarçados; d) demonstram a qualidade dos processos educativos de uma sociedade, marcando uma intervenção nos processos educacionais mais espontaneístas; e) condicionam e instituem as práticas docentes. Pode-se dizer que as práticas docentes não se transformam de dentro das salas de aula para fora, mas ao contrário: pelas práticas pedagógicas, as práticas docentes podem ser transformadas, para melhor ou para pior. A sala de aula organiza-se pela teia de práticas pedagógicas que a envolve e com ela dialoga.

2. Prática docente e prática pedagógica

A questão mais recorrente que me fazem, por ocasião de cursos e palestras, refere-se à seguinte dúvida: toda prática docente é prática pedagógica?

Minha resposta é a seguinte: nem sempre!

A prática docente é prática pedagógica quando esta se insere na intencionalidade prevista para sua ação. Assim, enfatizo que um professor que sabe qual é o sentido de sua aula para a formação do aluno, que sabe como sua aula integra e expande a formação desse aluno, que tem consciência do significado da própria ação, esse professor dialoga com a necessidade do aluno, insiste na sua aprendizagem, acompanha seu interesse, faz questão de produzir aquele aprendizado, pois acredita que este será importante para o aluno.[Cf. Franco (1996).]

Investiguei durante 11 anos em uma escola pública, observando as salas de aula e a prática docente. Realizei muitas pesquisas-ações, buscando compreender o sentido que o professor atribuía à sua prática, e posso afirmar que o professor imbuído de sua responsabilidade social, aquele que se vincula, se compromete, se implica coletivamente no projeto pedagógico da escola, acredita que seu trabalho significa algo na vida dos alunos, esse professor tem uma prática docente pedagogicamente fundamentada. Ele insiste, busca, dialoga, mesmo que não tenha muitas condições institucionais para tal. Dei um nome a isso: o professor encontra-se em constante *vigilância crítica*. Fica quase que atormentado por essa vigilância. Esse professor não consegue simplesmente "dar a lição" nem mais pensar nisso. Ele está lá, testando e refletindo. Pois bem, essa é uma prática docente que elabora o sentido de prática pedagógica. É prática que se exerce com finalidade, planejamento, acompanhamento, vigilância crítica, responsabilidade social.

Perguntam-me sempre: com teoria? E eu procuro demonstrar que o professor que age dessa maneira tem concepções teóricas sobre seu fazer pedagógico. Ele não está nesse momento aplicando uma prática de forma mecânica e burocrática; ao contrário, está coordenando a prática com sua teoria da aprendizagem. Essa teoria pode ser ultrapassada, equivocada? Sim, pode ser; no entanto, há convicção, empenho, coerência didática.

Por quê?

Antes de tentar uma explicação, vou buscar um exemplo que vem da vida, das contradições do mundo. Estava em uma escola pública, realizando uma pesquisa sobre a percepção de alunos e professores do sentido do pedagógico na escola, quando uma aluna do ensino médio me interrompeu e me perguntou: *esse pedagógico é o mesmo que "postila"?* Eu quis saber mais e ela me disse:

> Referia-se às apostilas que os professores da rede pública de ensino estavam utilizando por orientação da secretaria estadual.

> *Cheguei há seis meses de Virgem da Lapa, cidade pequena no interior de Minas, e lá o professor não tinha "postila", ele ensinava. Aqui tenho encontrado dificuldade com as "postilas", porque, quando não entendo, o professor manda eu olhar na "postila" e copiar. Eu copio e não aprendo! Lá em Minas, como não tinha "postila", o professor tinha que ensinar. Quando eu não entendia, ele explicava muitas vezes, até eu aprender. Daquele modo eu sempre fui boa aluna, mas aqui em São Paulo tem esse jeito mais moderno de ensinar e eu não consigo acompanhar!*

É muito triste ouvir esse "drama" vivido pela aluna. Percebia-se seu desespero e, por outro lado, podia-se pressentir um professor que abdicou da possibilidade de intervir no processo de ensino. É como se dissesse: se as apostilas ensinam, que assim o façam; eu me retiro de cena. Essa percepção do docente que "sai de cena" tenho analisado com uma orientanda que terminou recentemente uma dissertação de mestrado, na qual analisa a percepção dos docentes de Matemática da rede pública da Baixada Santista sobre a obrigatoriedade do uso de apostilas nas aulas.

> Cf. Carvalho (2011).

Voltemos ao conceito: práticas pedagógicas são práticas sociais que se organizam para dar conta de determinadas expectativas educacionais de um grupo social. Duas questões mostram-se fundamentais: articulação com as expectativas do grupo e existência de um coletivo.

Referi-me ao fato de que as práticas pedagógicas só podem ser compreendidas na perspectiva da totalidade. Aqui reafirmo e realço que as práticas pedagógicas e as práticas docentes se estruturam em relações dialéticas pautadas pelas mediações entre totalidade e particularidade. Quando destaco a categoria da totalidade como marcante e essencial ao sentido da prática pedagógica, quero entendê-la como expressão de dado momento/espaço histórico, permeada pelas relações de produção, culturais, sociais e ideológicas. Assim enfatizo que, como prática social, ela produz uma dinâmica social entre o dentro e o fora (*dentrofora*) da escola.

Portanto, é certo que o professor sozinho não transforma a sala de aula; as práticas pedagógicas funcionam como espaço de diálogo: ressonância e reverberação das mediações entre sociedade e sala de aula.

A sala de aula é espaço onde ocorrem as múltiplas determinações decorrentes da cadeia de práticas pedagógicas que a circundam. Quando se considera a necessidade de olhar essas práticas na perspectiva da totalidade, compreendem-se melhor essas relações. Afinal, como realça Lukács (1967, p. 240):

> *A categoria de totalidade significa [...] de um lado, que a realidade objetiva é um todo coerente em que cada elemento está, de uma maneira ou de outra, em relação com cada elemento e, de outro lado, que essas relações formam, na própria realidade objetiva, correlações concretas, conjuntos, unidades, ligados entre si de maneiras completamente diversas, mas sempre determinadas [...].*

Quero destacar que este todo é composto de partes, leis, lógicas mediadas entre si que, quando se desconectam, produzem desarticulações prejudiciais ao sentido original que possuíam.

Assim, afirmo que não é da natureza das práticas docentes se encontrarem avulsas, desconectadas de um todo, sem o fundamento das práticas pedagógicas que lhe dão sentido e direção.

A prática docente avulsa, sem ligação com o todo, perde o sentido. É esta uma das razões por que enalteço a presença da esfera pedagógica nas escolas, concretizada mesmo sob a forma de uma equipe de pedagogos, com a finalidade de organizar espaços e possibilidades de conexão, de articulação e de sentido entre a prática docente e a prática pedagógica.

No projeto político-pedagógico de uma escola devem estar expressas as expectativas e intenções do grupo escolar. Nesse projeto amalgamam-se práticas pedagógicas circundantes; dele emergem novas práticas que lhe darão sustentação. Tornar vivo a cada dia o projeto pedagógico é fundamental para a circulação

> No Congresso Internacional Educon, Universidade Federal de Sergipe, em set. 2010.

de sentidos e o envolvimento coletivo do grupo de professores e da equipe pedagógica. O projeto pedagógico que fica no papel de nada serve; aquele elaborado apenas pela equipe dirigente pouco serve. O projeto precisa expressar os anseios e expectativas de um grupo envolvido com aquela escola; as práticas pedagógicas deverão reorganizar-se e recriar-se a cada dia para dar conta do projeto inicial, que se vai transmudando à medida que a vida, o cotidiano, a existência o invadem. Não há projeto pronto; não há práticas prontas. Fiz uma comunicação em que falo sobre a insustentável leveza das práticas pedagógicas. Essa leveza é que permite a presença de processos que organizam comportamentos de adaptação/renovação decorrentes das transformações inexoráveis surgidas nas múltiplas mediações entre mundo e vida.

Em relação às práticas pedagógicas, nada do que foi continua o mesmo, ainda que, muitas vezes, o olhar primeiro pareça considerar que esteja tudo igual. Com efeito, negando o empírico e adentrando a lógica da organização atual das práticas, percebe-se que há mudanças sendo gestadas em seu interior. Usando a expressão de Certeau (2001), sempre há espaço para a "liberdade gazeteira das práticas", ou seja, sempre há espaço para invenções no e do cotidiano, e essa porosidade delas proporciona múltiplas reapropriações de seu enredo e de seu contexto. Para conhecer o sentido das práticas, é preciso adentrar no seu âmago, e este precisa ser buscado nos diálogos com as representações elaboradas de cada sujeito. Tenho sempre advertido que as práticas não mudam por decreto (FRANCO, 2008; 2010b); só mudarão quando seus usuários assim o decidirem. Conhecer as práticas, considerá-las em seu caráter situacional e em sua dinâmica, é o papel da Pedagogia como ciência; ou seja, compreendê-las nesse movimento oscilante, contraditório e renovador.

Acredito na importância de a atividade pedagógica oferecer direção de sentido com base nos conhecimentos e saberes da Pedagogia. As práticas, como vimos, são suficientemente anárquicas; desse modo, reconheço a necessidade de sínteses provisórias elaboradas pelo olhar pedagógico, bem como julgo fundamental para os processos de ensino a existência de uma direção de sentido emancipatória e crítica. Entre a porosidade das práticas e a vigilância crítica da Pedagogia constitui-se um campo tensional por onde circula a educação. É nessa tensão que o novo pode emergir, mas, como afirmava Paulo Freire (1985), se nós não inventarmos o novo, esse novo se fará de qualquer modo. Acredito na necessidade de a direção de sentido, construída por meio do coletivo, produzir o desenvolvimento de consciências, discursos e atos que busquem nova direção – emancipatória, crítica e inclusiva – para as práticas referendadas.

3. A Pedagogia e as práticas pedagógicas

A ausência de fundamentos pedagógicos capazes de tecer as práticas educativas foi gradativamente produzindo um distanciamento entre o educativo e o pedagógico (FRANCO, 2003b). Nessa direção, as práticas foram adquirindo uma forma estruturada, engessada, distanciando-se de seu sentido original.

Transformaram-se em rituais, em técnicas de fazer, e perderam sua especificidade de fazer-se e refazer-se pela interpretação dos sujeitos. Temos visto escolas mortas, sem alma, atividades sem sentido e sem criatividade.

Sabe-se que historicamente a Pedagogia foi sendo teorizada por diferentes ópticas científicas, o que lhe foi conferindo, ao mesmo tempo, quer uma multiplicidade de abordagens conceituais, quer diferentes configurações reducionistas de sua especificidade e de sua possibilidade como ciência da educação. Essa situação gradativamente produziu um emaranhado epistemológico no que se refere à construção do conhecimento pedagógico, o que foi descaracterizando seu *status* de ciência da educação e criando até a sensação de sua desnecessidade, como espaço científico fundamentador da práxis educativa (FRANCO, 2001).

Tal cenário histórico retirou a Pedagogia do palco e desprestigiou o protagonismo dos pedagogos; em seu lugar, foram-se instalando os tecnólogos da prática, que, aos poucos, reduziram a educação a mera instrução, a formação docente a treinamento de habilidades, os professores a ensinadores. A invasão da lógica "capitalística" na educação tem retirado o elemento artesanal, criativo e crítico imanente à prática pedagógica.

O crescimento desses significados e representações das finalidades da educação, que supervalorizam a organização da instrução e subestimam os destinos e valores educativos, apequenou e alterou a identidade da Pedagogia. Forçou-a a distanciar-se de seus ideais político-transformadores, encerrando-a nas salas de aula, onde seu papel passa a ser apenas racionalizar ações para qualificar a eficiência do ensino, na perspectiva instrumental. Assim, como enfatiza Libâneo

(1998, p. 126), a formação pedagógica vai significando cada vez mais a preparação metodológica do professor e cada vez menos um campo de investigação sistemática da realidade educativa.

Nessa direção, Bezerra e Paz da Silva (2006), ao analisarem o esvaziamento do sentido da prática pedagógica, afirmam:

> *O trabalho pedagógico tem, imanente a si, momentos de plena liberdade que nenhuma forma de trabalho possui. São momentos do pensar concentrado, quando tomamos consciência daquilo que queremos conhecer. A questão é que não se pode, capitalisticamente, definir um tempo para o pensamento conhecer. O tempo dedicado ao conhecimento é objetivamente aberto e contíguo, não se pode marcar horário para ele acontecer, como se marca o tempo em uma análise de psicanálise. É no tempo do trabalho pedagógico dedicado à laboralidade do conhecimento que se multiplicam e intensificam as intuições e as ideias, que não pode ser racionalmente controlado. Esse é realmente o tempo de criatividade intelectual mais intenso.*

Cabe pensar também que a formação de professores não se efetua no vazio, mas deve estar vinculada a uma intencionalidade, a uma política, a uma epistemologia, a pesquisas aprofundadas dos saberes pedagógicos. A formação de professores desvinculada de um projeto político só pode caracterizar uma concepção extremamente pragmatista, reprodutivista, tecnicista da ação docente.

O distanciamento entre as esferas pedagógica e educativa reforça a concepção de que a prática docente se realiza na eficiente reprodução de ações mecânicas, pouco embasadas pela reflexão, e assim pode ser considerada como uma tarefa simples, passível de ser construída com poucos recursos.

Nós todos, educadores, professores, pedagogos, percebemos quanto está sendo difícil para o mundo educacional concretizar ações de transformação da prática escolar, pois sabemos que falta nas escolas o *espaço/tempo* pedagógico que possa dar suporte ao coletivo docente. Portanto, tentar buscar reinterpretações de práticas, ampliando o espaço de construção pedagógica, é mais do que questão acadêmica: é buscar as estratégias de sobrevivência social/profissional que fundamentarão a possibilidade e a esperança da profissão pedagógica e a valorização da profissão do magistério.

Precisamos incorporar a vida à escola. Vida é dinamismo, dialética, contradição e tensão. A Pedagogia e a Didática têm pela frente o desafio de desvincular a escola de suas práticas ultrapassadas e oferecer espaços à construção coletiva de novas vivências, conhecimentos e saberes.

4. A prática educativa, a prática pedagógica e a prática docente

Parece haver consenso sobre a ideia de que a educação deve ser o instrumento por excelência de humanização dos homens em sua convivência social, uma vez que os sujeitos, imersos em suas práticas e impregnados das diversas influências educacionais, estão constantemente participando, interagindo, intervindo no seu próprio contexto cultural, requalificando a civilização para o estabelecimento de condições que deveriam ser cada vez mais emancipatórias e humanizantes. Como realça Charlot:

> *O sujeito se constrói pela apropriação de um patrimônio humano, pela mediação do outro, e a história do sujeito é também a das formas de atividade e de tipos de objetos suscetíveis de satisfazerem o desejo, de produzirem prazer, de fazerem sentido* (CHARLOT, 2005, p. 38).

O pedagógico é, neste sentido, um elemento relacional entre os sujeitos; portanto, é uma construção coletiva e não existe *a priori*, mas apenas na *dialogicidade* dos sujeitos da educação.

> Na perspectiva freireana.

Percebe-se facilmente que o potencial educacional de uma sociedade pode ou não ser uma influência educativa. Isso dependerá de como tais ações e práticas se organizam com os projetos sociais de formação, de humanização dos sujeitos.

Quando as intencionalidades de uma prática social estão explicitadas, podem permitir a inteligibilidade dessa prática e podem tornar-se assim práticas educativas, que ocorrem, por certo e inexoravelmente, dentro e fora da escola. As práticas sociais só se tornarão educativas pela explicitação/compreensão/tomada de consciência de seus objetivos, tarefa da investigação científica na educação.

Portanto, a prática pedagógica realiza-se por meio de sua ação científica sobre a práxis educativa, visando compreendê-la, explicitá-la a seus protagonistas, transformá-la mediante um processo de conscientização de seus participantes, dar-lhe suporte teórico, teorizar com os atores, encontrar na ação realizada o conteúdo não expresso das práticas.

Como enfatiza Veiga (1992, p. 117): *"Na sala de aula, o professor faz o que sabe, o que sente e se posiciona quanto à concepção de sociedade, de homem, de educação, de escola, de aluno e de seu próprio papel".* Continua a autora dizendo que é ainda na sala de aula que o professor cria e recria as possibilidades de sua prática docente, toma decisões, revê seus procedimentos, avalia o que fez.

Ou seja, o professor, ao construir sua prática pedagógica, está em contínuo processo de diálogo com o que faz, por que faz e como deve fazer. É quase que intuitivo esse movimento de olhar, avaliar, refazer. Construir e desconstruir; começar de novo; acompanhar e buscar novos meios e possibilidades. Essa dinâmica é o que faz da prática uma prática pedagógica.

Preocupo-me quando vejo professores fechando os olhos à sua prática, evitando refletir, negando-se ao diálogo. Tenho observado que são formas de resistir ao impacto de orientações externas, excessivamente prescritivas, que buscam impor formas de fazer, invadindo o saber fazer próprio do docente.

Pude constatar, em recente colóquio do qual participei[*], a preocupação de docentes com a intervenção frequente que os professores têm sofrido em suas práticas. A pergunta de uma participante me marcou: *É justa essa intervenção? Onde, como fica o sujeito da prática?* Também percebi essa situação ao acompanhar o trabalho de uma orientanda, Carvalho (2011), que entrevistou professores de Matemática sobre o uso de apostilas na aula. Muitos se sentem humilhados com o procedimento, que interfere na organização de seu trabalho cotidiano.

[*] Colloque International: Professionnalisation et Travail Enseignant, 2011, Lyon. Cf. anais e número especial da *Recherche et Formation*: INRP, n. 51, cuja temática é: "Analyse de pratiques: de la recherche a la formation".

5. Perspectivas

O que, como e para que ensinar? São questões que mobilizam os pesquisadores das áreas de Currículo e de Didática.

As escolas são *espaços/tempos* múltiplos, multirreferenciais, complexos e dinâmicos. Nas salas de aula, convergem práticas organizadas por diferentes lógicas, por diferentes sujeitos.

Caberá à Didática, auxiliada pelos estudos curriculares, considerar e receber as múltiplas influências e determinações presentes na escola e dar-lhes organização e leitura crítica, uma vez que, como já realcei, as práticas do mundo-vida são maravilhosamente anárquicas, devem entrar e colorir a escola, os espaços de aprendizagem. No entanto, é preciso organizá-las para bem conviverem, afastando o *laissez-faire* pedagógico.

Caberá à Didática adentrar a complexidade, superar sua tradição normativa e renovar-se com as cores do novo mundo. É preciso haver espaço para que as diferentes culturas se sintam acolhidas e trabalhadas didaticamente; é preciso que as diferentes classes sociais e culturais se sintam incluídas, tendo suas diferenças respeitadas; é preciso que os diferentes *timings* de aprender sejam respeitados e valorizados. Precisamos construir uma Didática que, por meio de sua prática, crie espaços para a negociação cultural, enfrentando os desafios da assimetria, e caminhe na direção de um projeto em que as diferenças estejam contínua e dialeticamente articuladas. Como afirma Candau:

> *Esta perspectiva ainda está em gestação de forma muito tímida e frágil, e os desafios para processos educativos são muitos, mas acredito que é possível caminhar nesta direção, fazendo do diálogo intercultural um eixo fundamental para reinventarmos a escola e construir permanentemente saberes, valores e práticas compartilhadas pelos diferentes grupos socioculturais presentes numa sociedade determinada* (CANDAU, 2009, p. 60).

Isso tudo é novo para a escola, para a Didática e para os professores. Mas é o grande desafio que toda a sociedade precisa enfrentar para cumprir, ao menos em parte, o sonho de Comenius: ensinar tudo a todos e caminhar um pouco mais na criação de perspectivas para *ensinaraprenderensinar* em benefício de todos, em processos cada vez mais emancipatórios e inclusivos.

Capítulo IV

Pesquisa-ação: compreender e transformar a prática docente

Capítulo IV

Pesquisa-ação: compreender e transformar a prática docente

Procuro as articulações possíveis entre Pedagogia e prática docente. Ao trabalhar com professores, estes solicitam o conhecimento pedagógico para auxiliá-los na reorganização de suas práticas cotidianas. Normalmente dizem que lhes falta bagagem pedagógica, sem a qual não podem organizar uma boa aula, uma boa atividade de ensino.

Segundo o que observo, imaginam que, lendo livros ou cursando alguma disciplina pedagógica, podem tornar-se melhores professores. Muitas vezes até melhoram, mas, se persistem, logo percebem que não é fácil "adquirir" *bagagem pedagógica* e que esta não se obtém por acúmulo de leituras ou de cursos.

Tenho afirmado em vários trabalhos (FRANCO, 2005a, 2005b, 2005c; 2006a, 2006b; 2008; FRANCO; LIBÂNEO; PIMENTA, 2007) que a prática não muda por decreto, nem por conhecimento de teorias, nem por meio de cursos de capacitação.

A prática está sempre correlacionada a condições institucionais, a concepções e formas de lidar com a realidade; a *habitus* e, mais comumente, a *estratégias arraigadas de sobrevivência,* as quais, mais do que os *habitus,* funcionam como formas estereotipadas de

---

"[...] um sistema de disposições duráveis e transponíveis que, integrando todas as experiências passadas, funciona a cada momento como uma matriz de percepções, de apreciações e de ações – e torna possível a realização de tarefas infinitamente diferenciadas, graças às transferências analógicas de esquemas [...]" (BOURDIEU, Pierre. *Sociologia*. Coletânea organizada por Renato Ortiz. São Paulo: Ática, 1983. p. 65).

Cf. Charlot (2008).

agir automaticamente, sem reflexão, e como mecanismos de defesa e resistência para lidar com as dificuldades do cotidiano.

Charlot (2008, p. 23) chega a afirmar que, quanto mais difíceis forem as condições de trabalho, mais predominam as estratégias de sobrevivência. E ainda arrisca a hipótese de que são essas estratégias de sobrevivência, *e não uma misteriosa "resistência à mudança", que freiam as tentativas de reforma ou inovação pedagógica.*

Minha perspectiva tem sido utilizar os princípios pedagógicos da pesquisa-ação para produzir nos participantes, sujeitos da prática, condições de compreender essa prática na totalidade de seus condicionantes, a fim de que, no coletivo, sejam engendradas transformações nos contextos e condições que a constituem. A prática só pode ser compreendida na perspectiva da totalidade e da construção partilhada de saberes que se organiza em seu processo.

Tenho observado que o tratamento da prática como uma ação mecânica, exterior ao sujeito, domesticada e cativa, impede-o de agir sobre ela, de construí-la de forma crítica e criativa. É claro que o professor precisa de conhecimentos, teorias e técnicas que possam auxiliá-lo na construção de sua prática. Mas tais conhecimentos não bastam. São necessários os saberes pedagógicos, para articular tais conhecimentos e saberes com a condição presente.

Considero (FRANCO, 2006a) que os saberes pedagógicos são construções cognitivas realizadas pelos professores com base em sua prática cotidiana, a qual é significada, inicialmente, por conhecimentos pedagógicos prévios, que se organizam sob a forma de concepções e pressupostos sobre os sentidos de ser e estar professor.

Os conhecimentos pedagógicos constituem construções elaboradas por pesquisadores da área que se estruturam como teorias ou preceitos e são apropriadas pelos docentes, quer sob a forma de estudos ou pesquisas, quer sob a forma de generalizações teóricas do senso comum. Essa questão dificulta a compreensão do sentido do conhecimento pedagógico, uma vez que quem circula e pesquisa no cotidiano das salas de aula percebe que as práticas escolares, muitas vezes, se organizam em torno de teorias que não são, necessariamente, as produzidas pelas ciências da educação, especialmente pela Pedagogia.

A dissonância entre as teorias presentes na prática e as teorias produzidas pelas ciências da educação evidencia que a teoria pedagógica, historicamente construída, nem sempre se fundamentou na compreensão da realidade das práticas educativas.

Aprofundando essa questão, que sempre me foi intrigante, já afirmei (FRANCO, 2002) que a riqueza de sentidos, a abundância de representações, a complexidade das intenções presentes nas práticas educacionais foram, por muito tempo, desconsideradas, pois historicamente a Pedagogia estudou a educação pelos referenciais da ciência clássica, utilizando-se de reduções, de classificações padronizadas, tentando estudar os fenômenos por meio de relações de causalidade, priorizando análises meramente quantitativas e, com isso, desfigurando a complexidade da prática educativa.

Dessa forma, as teorias, os conhecimentos educacionais constituídos, nem sempre expressaram a realidade complexa do fenômeno educativo. As teorias educacionais muitas vezes falharam em traduzir o sentido implícito das práticas cotidianas e assim nem sempre impregnaram de compreensão o saber fazer dos educadores, dificultando sua utilização como suporte enriquecedor das ações práticas educativas. Com isso, sempre houve dificuldade para serem apropriadas ou incorporadas pelos sujeitos que exercem tais práticas.

Para melhor compreender o que pretendo expressar, faço minha a fala do pedagogo Söetard (2004, p. 51), ao afirmar que *as ciências da educação continuam sendo construções teóricas que não conseguem encontrar a passagem para o real e instrumentar realmente a prática*".

Sabe-se que, quando o sujeito não constrói sentido, não consegue realizar a apreensão cognitiva/emocional dos conhecimentos teorizados, não estabelece relação entre os conhecimentos teóricos e suas ações cotidianas.

Essa situação da inadequação histórica dos suportes científicos à Pedagogia produziu muita dificuldade na interpenetração entre teoria e prática educacionais, impedindo a fertilização mútua entre os dois polos da atividade educativa e reafirmando a esterilidade de muitas teorias e a inadequação de muitas práticas.

Isso nos leva a perguntar: o que de fato é o conhecimento pedagógico? Seriam as teorias estéreis, produzidas sem o ponto de vista dos saberes da prática? Seriam as teorias que não inspiram sentidos aos professores práticos? Ou teorias que se organizam com base no sentido expresso na práxis?

Acredito que as teorias só se transformam em conhecimento pedagógico quando se tornam expressão dos sentidos esclarecidos no exercício da práxis. Essa é a possibilidade aberta com os trabalhos com pesquisa-ação.

No entanto, é preciso reafirmar que, quando falamos em conhecimentos que se organizam com base nas teorizações sobre os saberes da prática, não nos estamos referindo a conhecimentos pragmáticos; antes, estamos realçando que os conhecimentos teóricos devem ser elaborados com a finalidade de melhor compreender e especificar as articulações entre a teoria e a prática, atendendo com isso ao sentido de Pedagogia que aqui expressamos.

Este é um problema que a Pedagogia como ciência deverá resolver, ou seja, estruturar-se como ciência da prática e para a prática. Isso se tem mostrado uma tarefa difícil, mas há caminhos possíveis e o próprio Houssaye (1988, p. 21) afirma: *"Há teoria à medida que nos propomos e fazemos funcionar, teórica e praticamente, uma problemática nova, um esquema de análise da situação pedagógica"*.

Zeichner (1993) acredita na possibilidade de os docentes serem coautores da pesquisa pedagógica, ampliando assim a legitimidade das investigações. O autor realça, especialmente, a questão da validade dialógica reflexiva, ou seja, a capacidade da pesquisa de promover o diálogo, a reflexão entre professores, de abrir espaços interativos à convivência crítica, para além da rotina e dos espaços burocraticamente organizados. Neste sentido, cabe destacar que a pesquisa precisa deixar suas marcas não apenas na reflexão dos sujeitos, mas também nos espaços administrativos, que assim se transformarão em espaços pedagógicos.

Esta é a intenção da pesquisa-ação: pesquisar com os professores, na partilha de significados e de

> FRANCO, Maria Amélia Santoro. Apresentação da sessão. Em foco: a pesquisa-ação e a prática docente. *Educação e Pesquisa-Revista da Faculdade de Educação da USP*, São Paulo, v. 31, n. 3, p. 439-443, dez. 2005; FRANCO, Maria Amélia Santoro; LISITA, Verbena. Action research: limits and possibilities in teacher education. *British Education Index* (BEI), Leeds: Brotherton Library/University of Leeds, p. 1-15, 2004; Diniz-Pereira; Zeichner (2002); entre outros.

ações transformadoras sobre as condições de trabalho dos docentes.

1. A pesquisa-ação

Há vários estudos que consistentemente consideram que a pesquisa-ação poderá ser uma alternativa metodológica, e mesmo uma prática pedagógica, para construir conhecimentos sobre a prática docente de forma mais fidedigna, permitindo um esclarecimento das teorias implícitas na prática e favorecendo aos sujeitos da prática melhor apropriação crítica de algumas teorias educacionais, o que poderia produzir a transformação de suas concepções sobre o fazer pedagógico e, em decorrência, transformações em suas práticas. No entanto, há também muita divergência sobre a capacidade de essa perspectiva produzir transformações na prática docente, uma vez que a pesquisa-ação pressupõe a inerência da pesquisa na configuração da atividade dos professores, e esse pressuposto não é consensual entre os pesquisadores.

> Cf., especialmente, o artigo de Ludke (2001). Cf. também Charlot (2002a).

Outras divergências surgem, em parte, por causa da multiplicidade de conceitos atribuídos e atrelados à pesquisa-ação. Discuto um pouco essa questão em Franco (2005a), quando pergunto: *de que pesquisa falamos, quando nos referimos à pesquisa-ação?* Acredito que falar de pesquisa-ação implica contextualização de pressupostos, a fim de evitar equívocos interpretativos.

Considero Kurt Lewin (1970) o criador da expressão pesquisa-ação, em 1946; no entanto, o sentido expresso em suas investigações é diferente do sentido que Carr e Kemmis (1986) atribuem a essa metodologia, e isso para mencionar apenas duas das apropriações possíveis. Quero destacar que apenas dizer pesquisa-ação não define a perspectiva metodológica, apesar de haver alguns princípios essenciais que a distinguem como forma de investigação. Julgo essencial compreender que essa forma de pesquisar pressupõe a concomitância de pesquisa e de ação, de pesquisadores e de práticos, com a finalidade de transformação social. Contudo, há divergências profundas quanto às formas de produzir as articulações entre esses termos e há também diferenciações profundas na direção e na intencionalidade das transformações pretendidas. Há um contínuo possível que vai da intervenção à negociação coletiva e que pode configurar-se como processos de manipulação ou de emancipação.

Considero que Lewin (1970) teve o mérito de romper com a forma usual de pesquisador individual, propondo investigar com os participantes da pesquisa. Seu pressuposto era que o grupo tem um poder coercitivo sobre o sujeito individual e, desta forma, as decisões grupais funcionam como uma força (vetor) que aumenta a probabilidade de produzir rupturas nas concepções do sujeito. Dentre as contribuições de seu trabalho, há que destacar a possibilidade de criar, no processo de pesquisa, as comunidades de aprendizagem, no pressuposto de um necessário clima democrático; fica também a ênfase na reflexão como instrumento para escolha e avaliação de ações planejadas, num circuito conduzido por espirais cíclicas, que fundamentam o processo de analisar, observar, conceituar, planejar, propor e avaliar ações de transformação social.

Após Lewin, há várias redireções aplicadas ao conceito de pesquisa-ação e às práticas vinculadas, conforme já escrevi (FRANCO, 2005c), e uma das mais importantes para a questão da formação do professor pesquisador é a de Carr e Kemmis (1986). Os autores não priorizam a pesquisa-ação como uma ação planejada para produzir transformações sociais, mas consideram-na como uma investigação autorreflexiva que visa à compreensão, análise e transformação das próprias práticas. Seus estudos têm como perspectiva a formação dos sujeitos da prática, especialmente focada nos professores. Percebe-se que Lewin, de um lado, e Carr e Kemmis, de outro, têm intencionalidades bastante diferentes. Ambos se utilizam da ação conjunta entre pesquisador e sujeitos, mas para Carr e Kemmis o objetivo fundamental dessa forma de investigar é a formação mais crítica de sujeitos da prática.

Percebe-se que nem Lewin nem Carr e Kemmis pretendem a formação de pesquisadores acadêmicos, e isso enfatizo, uma vez que há críticas nessa direção. Há pesquisadores que falam da impossibilidade de ser pesquisador e professor ao mesmo tempo. Charlot, por exemplo, diz textualmente: *"acho que é impossível pesquisar a própria prática, porque o objetivo da pesquisa não é o objetivo da ação [...]"* (2002a, p. 103); no entanto, o próprio autor diz também, no mesmo texto (p. 91), que *"o papel da pesquisa não é o de dizer o que o professor deve fazer, mas o papel da pesquisa é o de forjar instrumentos, ferramentas, para melhor entender o que está acontecendo na sala de aula".*

Na complexidade da interação entre pesquisadores e docentes delineia-se a perspectiva que vejo na articulação da Pedagogia com a prática docente: compreender quais as possibilidades que determinada abordagem de pesquisa-ação tem para produzir conhecimentos *no* professor (e não apenas *para* o professor), a fim de torná-lo capaz de melhor compreender sua prática e assim poder transformá-la (quando essa transformação tornar-se necessária), num movimento que denomino (apropriando-me do termo já usual) professor pesquisador.

Assim, cabe neste ponto discutir pelo menos duas questões: a) O que significa ser professor pesquisador?; b) A que abordagem de pesquisa-ação me refiro, quando pretendo realçar seu papel formativo?

2. A questão do professor pesquisador

Na interlocução estabelecida com David Tripp por ocasião da solicitação que lhe fiz de um artigo (TRIPP, 2005) sobre pesquisa-ação para compor a seleção de textos para a seção "Em foco" (FRANCO, 2005c) da revista *Educação e Pesquisa,* considerei importante sua afirmação de que muitos professores da educação básica na Austrália já possuíam o mestrado, o que facilitava ao pesquisador trabalhar com docentes habituados à prática da pesquisa.

Essa informação é corroborada por Diniz-Pereira e Zeichner (2002), ao comentarem o crescente movimento dos educadores pesquisadores. Pautados nos estudos de Anderson e Hen (apud DINIZ-PEREIRA; ZEICHNER, 2002, p. 19), os autores atribuem esse aumento ao crescente número de professores do ensino fundamental com mestrado e, em alguns casos, doutorado, o que tem produzido um incremento de publicações, compostas de *pesquisas dos educadores*.

É interessante lembrar que os docentes efetivos do Estado de São Paulo se têm beneficiado da bolsa-mestrado oferecida pelo governo estadual. O mestrado que coordeno na Universidade Católica de Santos atende em grande parte esses docentes da rede pública de ensino. Em avaliações prévias com supervisores dessa rede, verifica-se o aumento da apropriação de publicações desses docentes-pesquisadores pelas escolas, o que tem produzido uma elevação de interesse na discussão desses trabalhos, especialmente nas horas de trabalho pedagógico coletivo. Um supervisor afirmou-me que, nas escolas onde há docentes ou administradores pedagógicos fazendo mestrado, se percebe uma melhoria nas práticas coletivas e um interesse maior por inovações nas práticas docentes.

Diniz-Pereira e Zeichner (2002, p. 19) informam haver outras condições que têm tornado esse movimento mais expressivo, entre as quais o próprio desenvolvimento da pesquisa colaborativa, em que professores são convidados a trabalhar com especialistas a fim de melhorar suas práticas, a inclusão da investigação docente nos programas universitários de formação docente, o movimento de reestruturação das escolas, prevendo espaços e tempos para fomentar a pesquisa dos professores e a reflexão sobre a prática.

O importante a discutir nesta questão do professor pesquisador é a articulação entre pesquisa e prática docente, levantando algumas questões que considero fundamentais:

- A pesquisa é um elemento inerente ao exercício da prática docente?
- A pesquisa do professor pode produzir transformações em sua prática?
- É possível conciliar os dois papéis, de pesquisador e docente?

2.1. Inerência da pesquisa à prática docente

Existem diferentes concepções de prática docente, e, infelizmente, a mais usual é aquela associada à concepção tecnicista, que considera a prática docente como uma sucessão de procedimentos metodológicos previamente prescritos e planejados que devem ser executados pelo professor. Essa concepção vê a aula como uma sucessão de eventos linearmente dispostos, subsequentes, planejados e previsíveis. Segundo esse pressuposto, a aula deve ter um caráter instrutivo, informacional, de repasse de informações. A prática é vista como uma situação que independe do sujeito que a realiza, é organizada pela sequência de fazeres que o professor deve adquirir de fora para dentro. A pressuposição é que o aluno seja neutro, sem reações, e aprenderá por ouvir e fazer o que o professor solicita. Tal concepção, pautada na racionalidade técnica, embora pareça ultrapassada, ainda preside muitas ações de capacitação docente, muitos currículos de formação docente e muitas ações práticas em nossas escolas. Para ela é desnecessário falar em professor pesquisador, uma vez que não há qualquer solicitação de pesquisa para a execução de uma ação composta de fazeres mecanicamente organizados; não há necessidade de pesquisa para uma prática rotineira não reflexiva.

Quando se fala em professor pesquisador, pretende-se outra concepção de prática. Tenho escrito sobre essa questão (FRANCO, 2005a, 2005b, 2005c; 2006a, 2006b), a fim de enfatizar que a prática docente não se subsume ao exercício acrítico de procedimentos didáticos e/ou metodológicos. Ela é sempre mais que o visível das ações técnicas de um professor na sala de aula. Penso que o sentido de prática docente precisa ser rediscutido a fim de superar a concepção arraigada que a identifica com o desempenho de determinadas ações consideradas previamente necessárias a determinado tipo de aula.

Tenho escrito que o fazer difere do saber. O fazer, decorrente do tratamento da prática como tecnologia, funciona como o exercício de uma ação mecânica, linear, inflexível, repetitiva. Para a reprodução de um fazer não se necessita da articulação entre teoria e prática, não se requer um sujeito pensante e reflexivo; exige-se apenas o refinamento do exercício da prática.

> Essa concepção de prática docente está implícita no conceito de *competência*, utilizado nos discursos das políticas neoliberais, que a concebem como necessária adequação do sujeito a uma lógica que lhe é exterior, pautada nas prescrições de mudanças comportamentais, pondo ênfase num saber fazer individual, em detrimento de um saber que se organiza coletivamente com base na práxis. Kuenzer (2005) analisa, em contraponto, a competência como práxis.

É por isso que muitas vezes, ao conversar com professores, reflito com eles que o mero exercício docente nem sempre produz saberes pedagógicos. É preciso pensar sobre a capacidade reflexiva desse exercício. Anos e anos de magistério nem sempre geram conhecimentos sobre a prática; muitas vezes podem gerar, apenas, a experiência de reproduzir fazeres, em muitos casos caducos e estéreis.

Enquanto uma prática for mecanicamente estruturada, sob a forma de reprodução acrítica de fazeres, não se transformará em saberes da experiência, uma vez que não foi vivenciada como práxis, não foi renovada nem transformada com as águas da reflexão, da pesquisa, da história. Se não houver o exercício da práxis que renova e rearticula a teoria e a prática, não haverá espaço para a construção de saberes. Neste caso, tempo de serviço não se transforma em saber da experiência, pois esse reproduzir mecânico é a-histórico e não cede espaço à articulação dialética do novo e do necessário.

Tenho realçado que a atividade prática docente não se circunscreve ao visível da prática pedagógica em sala de aula. A prática, como já afirmei, não se realiza apenas nos procedimentos didático-metodológicos do professor. Para além das *práticas aninhadas*, discutidas por Sacristán (1999), há todo um sistema de representações coletivas e configurações pessoais que determinam as decisões do docente ante as demandas institucionais, organizacionais. Se se pode considerar que o professor é um modelador da prática, também *"há que se reforçar que o docente não define a prática, mas sim o papel que aí ocupa"* (SACRISTÁN, 1999, p. 74).

A lógica da prática só começa a ser desvelada com a consideração desse lugar que o docente "escolheu" para ocupar ou para o qual foi escolhido. Para tanto, é preciso reconhecer que a ação de ensinar é prática social permeada por múltiplas articulações entre professores, alunos, instituição e comunidade, influenciadas pelos contextos socioculturais a que pertencem, formando um jogo de múltiplas confluências que se multideterminam em dado tempo e espaço social e que impregnam e configuram a realidade existencial do docente. Assim, o fazer docente estará sempre impregnado das concepções de mundo, de vida e de existência dos sujeitos da prática.

Trilhando os complexos caminhos de formadora de docentes, percebo a existência de uma prática que *forma, informa e transforma,* simultaneamente, o sujeito e suas circunstâncias; por outro lado, há uma prática que oprime, distorce e congela o sujeito que nela se exercita, o qual, neste caso, perde o acesso às suas circunstâncias. Para essa *prática congelada,* muito contribuem as condições opressoras da instituição escolar, aliadas à precária formação para o exercício profissional da docência. Quero com isso destacar que as condições institucionais são estruturais na determinação do papel que o docente pode ocupar para modelar sua prática. O docente que não encontra na instituição condições de integrar-se num coletivo investigativo, num ambiente coletivo de mútuas aprendizagens, fica sem possibilidade de organizar--se como sujeito de sua práxis. Conforme realça Habermas (1992, p. 26), não há possibilidade de individualização sem socialização, assim como não há socialização possível sem individualizações.

Assim, considero que a prática docente é, antes de tudo, o exercício de convicções tecidas histórica e coletivamente. Ou seja, as práticas profissionais, conforme Sacristán (1999, p. 71), ao mesmo tempo que dependem de decisões individuais, organizam-se também segundo normas coletivas adotadas por outros professores e pelas regulações burocráticas e administrativas da organização escolar. É importante nesse ponto destacar que há uma tensão permanente entre a cultura profissional historicamente construída e os projetos inovadores, locais ou mesmo individuais. O realce é para reafirmar que, historicamente, a prática docente esteve organizada de acordo com pressupostos tecnicistas. Nesta perspectiva, a pesquisa não era um componente essencial a estruturar a prática. Portanto, é compreensível que falar de inerência na relação da pesquisa com a prática docente não seja algo tão natural ou mesmo consensual.

O movimento da epistemologia reflexiva da prática, na esfera da racionalidade crítica, tal qual proposta por Carr e Kemmis (1986), inova e organiza possibilidades de ruptura com algumas circunstâncias da cultura profissional institucionalizada que limitam o desenvolvimento da autonomia intelectual dos docentes. Pimenta (2002, p. 25) afirma que *"a superação desses limites se dará a partir da(s) teoria(s) que permita(m) aos professores entenderem as restrições impostas pela prática institucional e histórico-social ao ensino, de modo que se identifique o potencial transformador dessas práticas".* Além disso, reflete que o movimento do professor pesquisador é estratégico, pois investe na valorização e no desenvolvimento dos saberes dos professores e na consideração destes como sujeitos e intelectuais, capazes de produzir conhecimentos, de participar e de decidir nas questões da gestão das escolas e dos sistemas, o que traz perspectivas para a *reinvenção da escola democrática* (PIMENTA, 2002, p. 36). Para tanto, concordo com Sacristán (1999) quando afirma que a *imagem libertadora* do professor investigador deve expandir-se para além das atividades de sala de aula e aplicar-se ao conjunto das atividades docentes, a fim de enfrentar a questão do poder na educação, não se aceitando a limitação do papel docente à prática didática. É, pois, preciso deixar claro: qualquer prática docente não começa do zero, mas vai-se estruturando num caminhar histórico, e as inovações pretendidas devem ser vistas como reajustes de trajetória.

Esses reajustes de trajetória vão tornando-se mais pertinentes e constantes à medida que se amplia a consciência dos docentes sobre a própria prática. Concordo com Sacristán que a consciência sobre a prática é a ideia – força condutora – da formação inicial e contínua de docentes. Esse processo de tomada de consciência da ação que se realiza já foi bastante discutido anteriormente por Paulo Freire, a fim de fundamentar processos de mudança e participação coletiva. Assim, reafirmo que a prática pesquisadora é condição essencial para produzir mudanças nos sujeitos e nas estruturas organizativas da prática. Aliar processos investigativos à prática é uma forma de desvelar as condições de desprofissionalização, provocando mudanças nos docentes e nas suas condições de trabalho. A pesquisa na prática docente pode ocasionar rompimentos nas concepções tecnicistas de docência, gerando a possibilidade de ressignificação das relações entre teoria e prática e podendo tornar-se um movimento importante na luta coletiva por melhores condições de trabalho e para a reconsideração da importância do conhecimento produzido pelos docentes. Tais conquistas podem funcionar como contraponto valioso ante a constante degradação e desprofissionalização que têm atingido a classe docente nas últimas décadas. Esse processo de construir práticas que se manifestam, se autotransformam e produzem conhecimento não ocorre de uma hora para outra; daí a importância da pesquisa-ação como instrumento político para propiciar aos docentes mecanismos para aprenderem ou reaprenderem a investigar a própria prática de forma coletiva, crítica e transformadora.

2.2. A pesquisa transforma a prática?

O que estamos indicando neste capítulo é que existe uma forma de pesquisa que transforma a prática docente.

Kincheloe (1997) tem argumentado que o conhecimento científico caminhou muito nas últimas décadas, mas, lamentavelmente, não foi suficiente para melhorar o ensino ou fortalecer o poder dos professores. Baseado em Elliot (1985) e em Lincoln e Guba (1985), afirma que a pesquisa educacional tem produzido generalizações que têm servido para deslegitimar as experiências dos professores, uma vez que tais generalizações são apropriadas pelos legisladores como prescrições técnicas, utilizadas para avaliar aquilo que se estipula como um bom ensino. Essa lógica acaba desencorajando os professores de buscar soluções criativas e próprias para desenvolver seus saberes profissionais da docência. Assim, ele conclui que a teoria educacional acaba sendo percebida como ameaçadora aos docentes, visto que, *"sem considerar a própria experiência do professor, a teoria paira sobre ela como uma entidade imutável"* (KINCHELOE, 1997, p. 30).

Nas escolas de ensino fundamental, e mesmo em alguns cursos de licenciatura e Pedagogia, a pesquisa não é processo presente nas práticas pedagógicas. Há uma diversidade de fatores que explicam isso, entre os quais a representação da atividade docente como tecnologia, como um fazer previsível, linear, mecânico, em que a pesquisa não é componente considerado. Os ambientes pedagógicos das escolas têm-se tornado espaços de previsibilidade, de repetição e de não mudança, incompatíveis com a presença de procedimentos investigativos; a situação de desprofissionalização dos docentes e profissionais da educação impõe-lhes uma jornada de trabalho de muitas horas em contato direto com as salas de aula e suas decorrências burocráticas, vedando-lhes o tempo e o espaço para compor um coletivo investigativo; as duplas ou triplas jornadas que fazem o professor ter de circular diariamente por várias instituições de ensino. Essas e outras circunstâncias vão tornando a pesquisa num elemento distante das práticas escolares. Tal situação talvez nos faça compreender a surpresa de Ludke (2001, p. 28) ao constatar, em sua investigação, que professores de curso de licenciatura não incluíram a pesquisa como componente fundamental para a formação de futuros mestres. Eles não a vivenciam!

> Atividades como preencher formulários, elaborar relatórios, corrigir trabalhos, realizar avaliações, elaborar diários de classe etc.

Tenho percebido, em minhas atividades investigativas junto a docentes, que a pesquisa-ação pode funcionar como um instrumento pedagógico para ajudar os professores a desbloquear-se da rotina que impregna o ambiente escolar e encontrar, no processo investigativo coletivo, um caminho para transformações em suas práticas e no próprio ambiente profissional ou, como escreve Kincheloe (1997, p. 180), *"um caminho para libertarem-se da prisão do pensamento modernista".*

Trabalhei por onze anos como diretora em uma escola pública e ali desenvolvi diversos processos de pesquisa-ação (FRANCO, 1996; 2001); realizei alguns outros processos com professores de cursos de Pedagogia. Tinha por objetivo a melhoria das práticas docentes e institucionais, no pressuposto de que as mudanças na prática produzem uma aproximação do sujeito com a sua consciência, ampliando-lhes perspectivas do compromisso social da docência e facilitando a organização de coletivos investigativos que auxiliariam no processo de profissionalização e na melhoria dos processos de ensino para os alunos.

O grande problema de introduzir a pesquisa-ação na prática cotidiana sempre foi o início do processo: como falar de pesquisa, como introduzir procedimentos de pesquisa ou, ainda, como envolver sujeitos em situação de pesquisa em um ambiente institucional que a não considera como elemento fundamental? Reitero a necessidade de uma estratégia pedagógica com esse intuito, uma vez que, sozinhos, os professores não criam essa condição, pois o ambiente institucional, normalmente, não oferece disponibilidade para isso.

Retomo aqui o que já escrevi (FRANCO, 2005c) a respeito dos *processos pedagógicos intermediários,* que podem estruturar um caminho necessário para a realização de pesquisa-ação na prática docente. Em cada etapa desses processos intermediários, vou relatar algumas situações vividas em uma pesquisa-ação realizada como fundamento de uma proposta de reestruturação curricular de um curso de Pedagogia, em uma instituição particular de ensino superior.

3. Processos pedagógicos da pesquisa-ação

Estas "etapas" – prefiro dizer "momentos", uma vez que não são etapas subsequentes, não seguem uma linearidade, mas são fases que caminham em circularidade – precisam estar presentes numa pesquisa-ação com fins formativos:

- construção da dinâmica do coletivo;
- ressignificação das espirais cíclicas;
- produção de conhecimento e socialização dos saberes;
- análise/redireção e avaliação das práticas;
- conscientização das novas dinâmicas compreensivas.

3.1. Construção da dinâmica do coletivo: a importância da justificativa da pesquisa e a construção coletiva do "nós" (o grupo)

Não é tarefa simples abordar a importância da construção/reconstrução de uma dinâmica coletiva. No entanto, é necessário lembrar que o pesquisador disposto a realizar uma pesquisa-ação deve perceber que o grupo com o qual lida está de alguma forma estruturado, possui uma dinâmica própria, e que ele, pesquisador, de início não faz parte do grupo. No grupo o pesquisador pretende, junto ao coletivo, empreender mudanças. Como chegar e imediatamente começar a pesquisar? Há que haver um "aquecimento coletivo" antecedente ao trabalho de pesquisa propriamente dito.

Muitas estratégias podem ser pensadas. Há necessidade de o pesquisador saber um pouco da origem desse grupo, da estabilidade ou não de seus componentes, da expectativa institucional; e é fundamental que tenha alguma forma de autonomia para trabalhar e poder explicitar claramente ao grupo o papel que ali ocupa. Aqui há um problema essencial a definir, o qual denomino *justificativa da pesquisa*. Por que estou pesquisando? A instituição contratou-me para essa pesquisa? Faço parte do grupo que pesquiso? Fui chamado por meus pares para essa tarefa? Tenho observado que, quando o pesquisador é chamado pelos pares para realizar a pesquisa, a situação se torna muito favorável para o desenvolvimento de uma cultura colaborativa. Quando, ao contrário, o pesquisador é contratado pela instituição, há muita resistência do grupo a aceitar a tarefa colaborativa. Realço que o esclarecimento desse papel é essencial ao trabalho.

Todos os manuais a respeito das fases/etapas da pesquisa-ação sugerem que o trabalho se inicie com um diagnóstico da situação para posterior planificação da ação a ser empreendida. No entanto, considero impossível o trabalho formal de diagnóstico e/ou planejamento de ação quando pesquisador e grupo não se firmam como um "nós", unindo-se para elaborar uma tarefa coletiva.

A construção da dinâmica do coletivo tem por perspectiva tornar o grupo de professores práticos sensível para a cultura da cooperação. Isso não é tarefa fácil. Segundo Thurler (2001, p. 75), toda cooperação profissional fundamenta-se em algumas atitudes que devem ser perseguidas cotidianamente: *"um certo hábito de ajuda mútua e de apoio mútuo; um capital de confiança e de franqueza mútua;*

participação de cada um na tomada de decisões coletivas; um clima caloroso, de humor, de camaradagem e o hábito de expressar seu reconhecimento".

No entanto, pergunto-me: como construir o clima de camaradagem? O humor partilhado? A franqueza mútua? Ou, como diz Schön (1997), como superar o jogo do silêncio e o apego às atitudes defensivas, o embaraço, a vergonha, a timidez?

Nesta direção, sempre sugiro aos pesquisadores iniciantes que o trabalho com pesquisa-ação tenha uma fase preliminar, a ser constituída pelo trabalho de inserção do pesquisador no grupo e de autoconhecimento do grupo em relação às próprias expectativas, possibilidades e bloqueios. Essa fase preliminar é também fundamental para o estabelecimento de um *contrato de ação coletiva*, no qual se podem esclarecer questões referentes à ética da pesquisa, aos compromissos com a ação coletiva, às finalidades do trabalho que vão desenvolver. Morin (1992) argumenta que esse contrato deve ser aberto e constantemente questionado.

Cabe ressaltar que esse processo pedagógico intermediário, como os demais que se seguem, deve ocorrer durante todo o processo de pesquisa-ação e que é preciso ainda trabalhar com a perspectiva de que tais processos intermediários sejam apropriados pelo grupo de participantes, transcendam o momento da pesquisa e funcionem como princípios e operadores de formação continuada. Ou seja, a *construção da dinâmica do coletivo* tem uma ênfase grande no início da pesquisa, mas deve continuar em processo de melhoria e aprofundamento até para depois de sua conclusão.

Um contrato de trabalho coletivo é indispensável, devendo abranger desde a definição de dias, horas e locais de encontros – condições ligadas à infraestrutura – até a definição dos princípios éticos que permearão as etapas. Todas as condições precisam ser discutidas e ser fruto de consenso. As regras claras e a coparticipação diminuem as defesas e vão gradativamente abrindo espaços a um clima de confiança e colaboração.

3.2. Ressignificação das espirais cíclicas

Diz Barbier (2002, p. 117) que o verdadeiro espírito da pesquisa-ação consiste em sua *"abordagem em espiral"*. Isso significa que *"todo avanço em pesquisa-ação implica o efeito recursivo em função de uma reflexão permanente sobre a ação"*.

A reflexão permanente sobre a ação é a essência do caráter pedagógico desse trabalho de investigação. Nesse processo eminentemente coletivo de reflexão contínua, abre-se espaço à formação de sujeitos pesquisadores. Como já tive a oportunidade de afirmar, considero que as espirais cíclicas exercem funções fundamentais na pesquisa-ação, sendo:

- instrumento de reflexão/avaliação das etapas do processo;
- instrumento de autoformação e formação coletiva dos sujeitos;
- instrumento de amadurecimento e potencialização das apreensões individuais e coletivas;
- instrumento de articulação entre pesquisa/ação/reflexão e formação.

A questão das espirais cíclicas relaciona-se diretamente com os estudos da última década sobre a formação do professor crítico-reflexivo. Entre eles, ressalto a análise de Libâneo (2002, p. 69) sobre a reflexividade hermenêutica, compartilhada, solidária, comunitária. Trata-se, conforme o autor, de *"retomar a preocupação com as coisas e com as pessoas, nas práticas sociais cotidianas, em um mundo compartilhado, constituindo-se uma comunidade reflexiva de compartilhamento de significados"*.

Tal processo funcionará bem quando se der um tempo para a reflexão ser interiorizada, ser compreendida coletivamente, organizar-se de forma livre e crítica. Incorporar a reflexão na prática coletiva é processo muito lento, progressivo, que deve ir fluindo gradativamente. Esse processo que permeia toda pesquisa-ação é muito demorado, exige o tempo de cada um. Há que dar um tempo para amadurecer novos olhares, sentimentos de dissonâncias, aberturas e defesas ao novo.

Nesta direção, vale acompanhar Monteiro (2002, p. 118), quando reflete que as ações docentes tendem a tornar-se habituais e os hábitos é que dão sustentação às ações, afirmando em seguida: *"a (re)visão de nossas ações permite a transformação delas"*. O autor continua, dizendo considerar a revisão *"uma operação teórica, reflexiva sobre as ações efetuadas ou a serem efetuadas; é o estabelecimento de uma nova prática [...] por um novo olhar sobre ela"*. Julgo importante a abordagem do novo olhar, pois, se estamos mergulhados na práxis, no exercício coletivo, o olhar é o que muda primeiro e é ele que não aceita mais confrontar-se com o já superado. O novo olhar, advindo de um sujeito consciente das transformações existenciais e pessoais, questiona a necessidade de novos cenários. As espirais cíclicas têm a intenção de objetivar esse novo olhar, para que dele surjam novas necessidades, que implicam novas práticas. Acredito que em nossa pesquisa-ação o novo olhar exigiu algumas alterações mais profundas em nossa concepção de currículo.

Assim, o método da pesquisa-ação deve contemplar o exercício contínuo de suas diversas etapas, por meio das espirais cíclicas:

Planejamento 1: ação – reflexão – pesquisa – ressignificação – replanejamento; ou seja, ações cada vez mais ajustadas às necessidades coletivas. *Planejamento 2:* novas reflexões para aprofundamento da pesquisa; de novo ressignificação, replanejamento, novas ações e assim sucessivamente. *Planejamento 3, planejamento 4* etc., em movimentos sempre cíclicos e aprofundados. A prática de refletir começa a ser exigência da convivência coletiva.

As espirais reflexivas permitem o retorno ao vivido, a reinterpretação do compreendido, revisões do já realizado, acerto de perspectivas e possibilidades; garantem uma avaliação formativa do processo e a objetivação das conquistas do grupo. É processo eminentemente pedagógico, coletivo e compartilhado.

3.3. Produção de conhecimento e socialização dos saberes

Conforme enfatiza Pimenta (1999, p. 21), conhecimento não se reduz a informação, e essa noção é fundamental quando se pretende a produção de conhecimento. Uma pesquisa deve produzir conhecimentos com base na coleta de dados que vai realizando. Conhecimento implica, conforme a autora, o trabalho com as informações, classificando-as, analisando-as e contextualizando-as. No entanto, ainda há mais para caminhar na direção da utilização e do sentido do conhecimento. Há que caminhar para *"a arte de vincular conhecimento de maneira útil e pertinente, isto é, de se produzir novas formas de progresso e desenvolvimento"*. Para tanto, far-se-á necessária a articulação do conhecimento com a inteligência, com a consciência, com a sabedoria. *"Consciência e sabedoria envolvem reflexão, isto é, capacidade de produzir novas formas de existência, de humanização"* (PIMENTA, 1999, p. 22). Esse conhecimento que se articula em ações pertinentes e emancipatórias na direção da transformação das condições de existência passa a ser considerado um saber – um conhecimento engajado, circunstanciado, transformador, integrado às estruturas cognitivo-emocionais do sujeito.

Neste processo pedagógico intermediário, refiro-me à produção de conhecimento e à socialização de saberes. São tarefas complementares e associadas, principalmente no caso da pesquisa-ação, em que se pretende o trabalho coletivo, compartilhado.

Sabe-se que a pesquisa requer o registro rigoroso e metódico dos dados. Tal trabalho precisa ser constantemente realizado. Há autores, entre os quais Lavoie, Marquis e Laurin (1996) ou mesmo Morin (1992), que chegam a falar da necessidade de um "diário de bordo" como instrumento necessário para consignar os dados recolhidos durante todo o processo de pesquisa. Importa que haja um registro diário e cotidiano, a fim de objetivar o vivido e o compreendido.

3.4. Análise/redireção e avaliação das práticas

Este movimento já está, na realidade, contemplado no processo das espirais cíclicas. Insiro-o aqui para enfatizar a importância da avaliação das práticas –

não do processo de pesquisa, mas das ações empreendidas pelos sujeitos. Convém realçar isso, pois é imprescindível que, após um trabalho de pesquisa-ação, os sujeitos participantes tenham apreendido comportamentos e atitudes que os levem a incorporar a reflexão cotidiana como atividade inerente ao exercício de suas práticas.

De acordo com Smyth (1989), citado em Amaral, Moreira e Ribeiro (1996, p. 102), a reflexão sobre a prática deve transcender os aspectos de sala de aula e seu conteúdo e atingir um nível de reflexão sobre os princípios éticos e políticos da sociedade. Segundo esse autor, para conceder poder emancipatório ao professor *"é necessário questionar a validade ética de certas práticas e crenças, como meio de restituir ao professor seu papel de intelectual"*.

Tenho percebido, nas minhas investigações, que a reflexão sobre a prática, depois de certo tempo, fica impregnada no sujeito, mesmo após o término da pesquisa-ação; o professor fica mais cuidadoso. Recebo depoimentos de docentes com os quais trabalhei em pesquisas há anos relatando nunca mais terem conseguido deixar de prestar atenção nos sinais que os alunos emitem.

Nos grupos em que desenvolvo minhas pesquisas, tenho procurado incentivar a observação da aula do colega, quando consentida e solicitada. Após um tempo de trabalho em conjunto, cria-se um clima menos defensivo e há maior probabilidade de o professor aceitar ser observado por um colega ou mesmo solicitar-lhe que faça isso. Considero a publicidade das práticas docentes como importante modo de formação coletiva. No entanto, poucas vezes isso ocorreu entre colegas na universidade, se bem que ocorresse com frequência entre docentes do ensino básico.

Para a análise e avaliação das práticas, será necessário um trabalho contínuo, de sorte que os participantes se envolvam na auto-observação e na observação de outros, refletindo sobre as transformações na realidade que as ações práticas produzem, reconstruindo suas percepções, construindo novas teorias sobre as práticas, trocando e analisando intersubjetivamente suas compreensões.

3.5. Conscientização sobre as novas dinâmicas compreensivas

Utilizo o conceito *dinâmica compreensiva* (FRANCO, 2001) para designar o momento em que o professor parece substituir sua antiga lógica de organizar a própria prática por uma nova. É possível perceber que esse docente passa por uma experiência de ruptura consciente; a impressão que tenho é que ele, a partir daquele dado momento, já não aceita alguns aspectos de seu antigo *habitus*. Surge uma necessidade incontida de mudança. Relato sempre o caso de uma professora de escola pública estadual que participou, por um ano, de um trabalho coletivo de pesquisa-ação, subsidiado por metodologia de história de vida. Essa professora tinha o desejo muito grande de dar "boas aulas". O grupo ajudou-a a organizar o planejamento prévio de algumas aulas; alguns de nós, de início, entrávamos com ela em sala e a ajudávamos a executar o planejado. Depois de certo tempo, ela conseguia estar sozinha em sala de aula. Ao final do ano, comunicou ao grupo que iria transferir-se, pois agora se sentia realmente professora e queria ter a oportunidade de ser considerada, pelo novo grupo da nova escola, como boa professora, *sem as manchas anteriores em sua imagem de incapaz*.

Conforme Ghedin (2002, p. 141), *"o que fazemos não se explica pelo como fazemos; possui sentido diante dos significados que lhe são atribuídos. Estes significados não são latentes, mas emanam, de fato, dos sentidos que construímos"*. Falar em pesquisa-ação é falar de um processo que deve produzir transformações de sentido, ressignificações do que fazemos ou pensamos. A transformação de sentido implica reconstrução do próprio sujeito; mais uma vez nos valemos de Ghedin ao ponderar que, quando construímos o conhecer de dado objeto, não é somente o objeto que se torna conhecido, mas também o próprio sujeito, visto que *"o conhecimento de algo é também, simultaneamente, um autoconhecimento"*.

É esse autoconhecimento que cria nova dinâmica no sujeito, o qual passa a reorganizar suas concepções, compreender o mundo de nova forma, ter um diálogo mais construtivo com suas circunstâncias.

Será importante, portanto, que, durante uma pesquisa-ação, haja tempo e espaço para cada sujeito ir apropriando-se das mudanças operadas em suas significações de mundo, que implicam, essencialmente, mudanças em si próprio como sujeito.

Em trabalho anterior (FRANCO, 2000) especifico a perspectiva de que o professor, ao adentrar um processo contínuo de revisões da própria prática, acaba incorporando atitudes que o levam a constituir-se investigador no contexto da prática. Professores como investigadores começam a aprender e construir novos significados para seu fazer docente e, aos poucos, parecem desenvolver atitudes de estranhamento e crítica com relação às suas práticas cotidianas, envolvendo-se em nova espiral de autodesenvolvimento profissional.

Assim, reafirmo que a pesquisa-ação pode e deve funcionar como uma metodologia de pesquisa pedagogicamente estruturada, tanto possibilitando a produção de conhecimentos novos para a área da educação como também formando sujeitos pesquisadores, críticos e reflexivos.

No entanto, é preciso reconhecer a necessidade da intervenção pedagógica do pesquisador a fim de direcionar reflexões, sintetizar e objetivar situações subjetivamente percebidas, organizar e prover fundamentos teóricos para ampliar o olhar crítico sobre o cotidiano, coordenar os processos de intersubjetividade a serem construídos no grupo. Essa situação da *intervenção pedagógica qualificada* impõe séria questão ao processo de pesquisa-ação, a saber: o protagonismo do pesquisador, o que impede o estabelecimento de relações igualitárias entre o pesquisador e os sujeitos da prática. Estes, com raras exceções, estão aprendendo a ser pesquisadores; assim, é quase impossível deixar de existir um direcionamento das compreensões pelo pesquisador principal.

4. Pesquisador ou docente?

A prática docente, quando considerada como prática social, historicamente construída, condicionada pela multiplicidade de circunstâncias que afetam o docente, a instituição, o momento histórico, o contexto cultural e político, realizar-se-á como práxis, em um processo dialético que, a cada momento, sintetiza as contradições da realidade social em que se insere, e assim se diferenciará de uma prática organizada de forma a--histórica, como sucessão de procedimentos metodológicos. A prática como práxis traz, em sua especificidade, a ação crítica e reflexiva do sujeito sobre as circunstâncias presentes, e, para essa ação, a pesquisa é inerentemente um processo cognitivo que subsidia a construção e mobilização dos saberes, construídos ou em construção. Este sentido lato da pesquisa é, portanto, inerente à prática docente.

Vale a pena refletir com Imbert (2003) sobre a distinção entre prática e práxis, reafirmando o que tenho salientado e atentando para a questão da autonomia e para a perspectiva emancipatória, inerentes ao sentido de práxis:

> *Distinguir práxis e prática permite uma demarcação das características do empreendimento pedagógico. Há, ou não, lugar na escola para uma práxis? Ou será que, na maioria das vezes, são, sobretudo, simples práticas que nela se desenvolvem, ou seja, um* fazer *que ocupa o tempo e o espaço, visa a um efeito, produz um objeto (aprendizagem, saberes) e um sujeito-objeto (um escolar que recebe esse saber e sofre essas aprendizagens), mas que em nenhum momento é portador de autonomia* (p. 15, destaques do autor).

Quando falo de pesquisa-ação e de suas possibilidades na transformação dos sujeitos e das práticas docentes, estou pressupondo a prática nascida como ressonância das mediações entre o sujeito e suas circunstâncias. Assim, pode-se pensar na pesquisa-ação como instrumento de transformação das práticas em práxis, e isso requer algumas considerações prévias:

1) Garantia de sua especificidade. A pesquisa-ação, segundo esta perspectiva formativa, é um procedimento longo, demorado, contínuo, uma vez que pressupõe uma transformação das convicções dos sujeitos; convicções essas muitas vezes arraigadas em longo processo de reforçamento social. É preciso saber o que pode caber numa rubrica de pesquisa-ação, e assim invoco as observações de El Andaloussi (2004, p. 71):

> *[...] na literatura existente, tem-se observado a existência de uma grande quantidade de pesquisas que se denominam pesquisa-ação pelo simples fato de o pesquisador ter colhido informações diretamente no campo de observação com o público, ou de um docente ter experimentado um método original em suas aulas, ou ainda, um diretor de ensino ter proposto um novo programa em sua escola.*

Já afirmei que há vários modelos de pesquisa-ação e diferentes intencionalidades em seu uso; no entanto, a banalização de seu conceito traz perversas consequências à pesquisa em educação. É preciso muito rigor para trabalhar com a complexidade de um grupo em transformação; exigem-se, no mínimo: a) tempo para acalentar e sedimentar transformações; b) espaço de permissão e transparência institucional; c) contrato que fundamente os compromissos coletivos; d) mobilização contínua das espirais cíclicas; e) objetivação e socialização do conhecimento construído; f) sínteses de significados compartilhados.

2) Produção diferenciada de saberes e conhecimentos. A pesquisa-ação, nesta abordagem, poderá propiciar diferentes perspectivas para cada membro participante. a) o pesquisador principal poderá ter como objeto de sua pesquisa a melhor compreensão do processo de transformação dos sujeitos da prática e produzirá, de forma científica e rigorosa, conhecimentos sobre esse seu objeto. Ou seja, esse pesquisador amplia a forma de adentrar nos processos transformadores do sujeito da prática, pois, além de observar ou entrevistar, ele acompanha os processos vivenciais dos sujeitos; amplia, por compartilhamento, os significados que os sujeitos vão identificando em sua práxis; assim qualifica melhor suas interpretações sobre os fenômenos vividos pelos sujeitos; adentra mais profundamente nos processos de transformação que vão ocorrendo; capta informações que vão sendo construídas intersubjetivamente no grupo dos professores práticos. O que se realça nesta perspectiva é que se cria nova forma de relacionar a pesquisa com a prática, o que pode conferir maior legitimação à pesquisa acadêmica. b) os sujeitos participantes vão, aos poucos, apropriando-se de procedimentos de pesquisa, construindo novos saberes práticos, enfrentando suas dificuldades e refletindo sobre elas, percebendo a possibilidade de provocar rupturas com sua rotina docente e, com isso, redimensionando suas concepções sobre a tarefa educativa; assim, constroem novos saberes e alguns conhecimentos sobre essas suas vivências. A pesquisa, neste caso, produz sujeitos mais conscientes, que falam e explicitam fatos e significações, e tais dados podem ser reapropriados e ressignificados pelo pesquisador principal ou pelos demais pesquisadores na perspectiva da pesquisa acadêmica. Todos os envolvidos constroem conhecimentos e ressignificam saberes, porém cada qual os construirá de acordo com suas necessidades/ possibilidades/perspectivas.

3) Os tempos da pesquisa-ação. A questão da concomitância da pesquisa e da ação é também problemática. Apesar de sempre afirmar-se que numa pesquisa-ação há concomitância da ação com a pesquisa, isso não significa um mesmo tempo físico para os dois polos do procedimento. Pode-se dizer que pesquisa e ação ocorrem numa mesma circunstância com implicações mútuas, *mas o tempo da pesquisa é diferente do tempo da ação*. A pesquisa científica requer cuidado na coleta de dados, na análise, nas considerações das dúvidas metódicas; esse trabalho metodológico-reflexivo é que vai indicar a possibilidade de novas hipóteses, que vão sendo levadas aos professores práticos e podem referendar novas ações. Mas há uma ação acontecendo, apesar de esse trabalho científico estar processando-se lentamente. Ou seja, os docentes continuam a ser docentes, continuam com suas horas diárias de trabalho; à medida que se integram no processo e começam a observar-se e a falar, trazem para o grupo urgências a serem discutidas. Os práticos são impelidos pelo pesquisador a discutir, refletir, conversar criticamente; isso os ajuda, forma-os, qualifica-os para a pesquisa, mas não é pesquisa científica. De um lado, ocorre no grupo de pesquisa-ação uma conversação reflexiva, de onde decorrem propostas de ações de observação, experimentação ou mesmo reflexão; de outro, ocorre o trabalho do pesquisador científico, que vai recolhendo dados, agrupando-os, refletindo sobre eles, em outro *timing*. Esses tempos concomitantes, porém com graus distintos de dispersão e profundidade, são responsáveis pela produção diferenciada de conhecimentos por parte dos diferentes participantes do grupo e demonstram a impossibilidade de relações igualitárias entre eles. Há papéis distintos num grupo de pesquisa-ação, e aqui reafirmo o que já escrevi antes sobre a necessidade de participação, pedagogicamente qualificada, do pesquisador principal.

5. Algumas perspectivas

Considero a pesquisa-ação um processo pedagógico de enorme complexidade, visto que é uma mediação entre diferentes polos de um processo histórico: mediação entre saber e ação, entre sujeitos da prática e pesquisador, entre conhecimento e prática. Considero, também, que, quando se pretende a investigação da prática, o envolvimento dos seus sujeitos passa a ser elemento constitutivo do saber científico.

Acredito que uma das grandes questões que permeiam esse enfoque metodológico é seu caráter quase híbrido, constituindo, ao mesmo tempo, uma metodologia produtora de conhecimento e de ações práticas. No entanto, é isso que faz dela uma pesquisa-ação. Se apenas considerarmos sua interface científica, manifestada na produção rigorosa de conhecimentos pelo pesquisador principal, estaremos desprezando suas possibilidades de gerar saberes e conhecimentos para os professores práticos e perdendo a oportunidade de incluir estes sujeitos num processo de empoderamento e autoria, fundamentais para o exercício da práxis. Se, por outro lado, apenas considerarmos o aspecto de orientação para a transformação das ações, estaremos perdendo uma oportunidade de produzir conhecimentos científicos que, de outra forma, poderiam fundamentar a própria transformação das práticas. Sem essa vinculação à produção científica de conhecimentos, a ação prática transformar-se-ia apenas em laboratório a serviço da própria pesquisa. Reforço meu pensamento com a ponderação de El Andaloussi:

O lugar ocupado pelo pesquisador e o seu saber científico produzido a partir de *uma pesquisa-ação desempenham um papel de interface entre a investigação* dentro de *uma pesquisa-ação, que é útil para a prática, e a pesquisa, desenvolvendo um discurso rigoroso e coerente a ser submetido à comunidade científica. Esse discurso pode abranger parte ou a totalidade da pesquisa-ação* (2004, p. 144, destaques meus).

Com base nas diversas situações em que venho desenvolvendo essa modalidade de pesquisa, posso afirmar que surgem várias modificações na prática dos docentes participantes e, mais que isso, em suas atitudes como profissionais. Afirmo também que, por meio de minha participação como pesquisadora, tenho tido a oportunidade de compreender melhor a lógica das práticas (FRANCO, 2006b) e produzir conhecimentos sobre o assunto.

El Andaloussi (2004) cita Elliot para afiançar que os educadores, quando implicados em uma pesquisa-ação, tomam consciência da inadaptação de suas práticas por meio do resultado das pesquisas e, assim, esforçam-se para melhorá-las. Alerta também o autor para um fato importante: *"Quando os educadores estão mais conscientes, eles percebem que, para modificar suas práticas, eles precisam agir sobre seus colegas e sobre a instituição, para que reúnam as condições possíveis à melhoria"* (EL ANDALOUSSI, 2004, p. 147).

Portanto, há que realçar a dificuldade do papel de pesquisador principal de uma pesquisa-ação, uma vez que esta deve produzir um saber, transformar ações e, além do mais, oferecer condições formativas aos sujeitos da prática. Este é o forte potencial pedagógico da pesquisa-ação: formar sujeitos segundo uma perspectiva emancipatória e, ao mesmo tempo, transformar as situações assim como os conhecimentos que as presidem. Seu potencial científico é imenso, visto que permite aos pesquisadores adentrar na dinâmica das práxis e, desse modo, recolher informações, dados valiosos e fidedignos para elaborarem e produzirem conhecimentos.

Também não é fácil para os professores práticos engajar-se em um processo de pesquisa-ação. Acostumados a agir de forma não reflexiva, executando instruções e orientações, eles se perdem inicialmente ao se defrontarem com o exercício crítico e reflexivo imposto pela prática da pesquisa.

Pesquisador e práticos precisam sair do conforto das respectivas rotinas e aceitar o desafio de fazerem-se grupo, enfrentando as dificuldades, disponibilizando tempo e coragem para mudar. Especialmente requerida a eles é a disponibilidade para conviver com processos que continuamente se redimensionam, com dados em constante alteração, com avaliações contínuas sobre suas ações e saberes já instalados. Os ganhos são muitos para todos os participantes, ainda que – relembramos de novo – não sejam distribuídos equitativamente. Assim, pode o pesquisador principal organizar boa coleta de dados, compreender melhor seu objeto de estudo, desenvolver novos saberes sobre as relações sociais e interpessoais e ter farto material para produzir conhecimento científico sobre partes ou a totalidade das experiências que ali vivenciou. Aos práticos, há infinitos ganhos: por certo descobrirão novos saberes, darão novos significados à sua prática, recriarão procedimentos didáticos, iniciar-se-ão em processos de pesquisa, desenvolverão habilidades para pesquisar a própria prática, começarão a estranhar a inadequação de alguns procedimentos usuais, enriquecer-se-ão com a convivência coletiva, envolver-se-ão em processos de autoformação e até poderão produzir conhecimentos científicos.

A educação, a escola, o espaço institucional, onde trabalham esses docentes, também se beneficiarão quando os professores se forem tornando mais críticos, mais produtivos, mais sensibilizados pelas necessárias condições de desenvolvimento profissional e mobilizarem colegas para tomadas de decisões coletivas.

A pergunta que faço, encerrando estas considerações, é a seguinte: como, se não dessa forma, pesquisar a prática docente? Tenho percebido o grande esforço de pesquisadores para tentar captar a prática em processo, identificar as escolhas feitas pelos docentes em suas ações cotidianas, os dilemas que enfrentam nas situações novas, as ansiedades que acumulam nos processos didáticos, os acertos e novas descobertas que às vezes constroem. Há muitos trabalhos que inferem essa dinâmica da prática com base na observação em sala de aula e/ou em entrevistas com o docente e em seus depoimentos. No entanto, nem sempre o pesquisador encontra aquilo que busca. Em algumas coletas de dados realizadas à luz dessa perspectiva, percebe-se algum desconforto, proveniente da inconsistência dos dados, de sua superficialidade, da ausência de dados novos. O pesquisador sabe que o professor, seu objeto de pesquisa, muitas vezes tem dificuldade em expressar seus sentimentos sobre o que vivencia nos processos pedagógicos cotidianos, e não raro essa sua fala é pouco significativa.

As respostas dos docentes são frequentemente pautadas em sua *prática congelada* por procedimentos tecnicistas, sem o cotidiano exercício do diálogo com suas circunstâncias. Assim, relatam dados superficiais e fragmentados, que não oferecem ao pesquisador informações fundamentais para a análise dos processos de práxis empreendidos.

Por outro lado, pergunto: como pode o professor, sozinho, descongelar suas práticas, abandonar o porto seguro de seus procedimentos usuais e tentar o novo, mesmo que tenha recebido orientações prescritivas em um dos muitos cursos de "capacitação" que frequentou?

Considero que a pesquisa-ação pode ser instrumento para potencializar o trabalho dos pesquisadores, permitindo-lhes produzir conhecimentos mais articuladores para a prática docente, ao mesmo tempo que oferece aos docentes a oportunidade de tornarem-se pesquisadores da própria ação – quiçá pesquisadores no sentido estrito do termo – e, na maioria das vezes, começarem a perceber a possibilidade da crítica, do coletivo, bem como novas possibilidades de ação, trilhando desse modo o caminho de sujeitos transformadores de suas condições de profissionalização.

Acredito que seja a pesquisa-ação a mediadora entre os conhecimentos pedagógicos e a prática docente.

Considerações Finais

Considerações Finais

Comecei este trabalho deixando claro que pesquiso as mútuas implicações entre Pedagogia e prática docente. De um lado, quero reafirmar que a Pedagogia, como ciência da educação, pode e deve qualificar a prática docente, tendo por perspectiva a consolidação de processos educativos e de práticas pedagógicas que concretizam a educação em um tempo/espaço social. De outro, acredito que a prática docente é o critério de verdade que nos revela como determinado espaço/tempo social está concretizando seu processo educativo.

A prática docente não se estrutura espontaneamente; ela responde a denso e complexo esquema de multideterminações. A prática que temos é, e sempre será, a possível nas atuais circunstâncias.

Assim, não nos iludamos: a prática não muda por decretos; não muda pela vontade expressa de alguns; não muda pela mera imposição de novas políticas educacionais. Ela muda quando pode mudar, quando quer mudar, quando seus protagonistas sentem e percebem a necessidade de mudanças.

Percebe-se, pois, que a Pedagogia, para cumprir sua tarefa social de compreender a prática para transformá--la, requer um trabalho coletivo *com* os professores práticos, e não *sobre* eles; requer um trabalho de formação de consciência, não um trabalho de convencimento e direção; requer a criação coletiva de sentidos, a coparticipação, e não a tutelação de fazeres.

A Pedagogia como ciência não pode apenas funcionar como organizadora de teorias e ideias; ela precisa comprometer-se com a organização e o acompanhamento das práticas e com a vigilância crítica sobre elas.

As teorias e ideias pedagógicas são importantes para a prática: criam referências, possibilidades e, acima de tudo, critérios para sua compreensão e interpretação. Mas as teorias não funcionam sozinhas; é preciso o diálogo e o confronto com a prática.

Historicamente, a Pedagogia fez-se muito como orientação para a prática. Criou uma cultura de fazeres que, em determinadas circunstâncias, pode dar conta das expectativas sociais de certos momentos históricos. Hoje, por causa da complexidade dos processos sociais que vivemos, é preciso uma Pedagogia que supere seu papel prescritivo e adentre no papel reflexivo/formativo.

As práticas pedagógicas já não podem ser generalizadas para qualquer situação. Na diversidade de usuários da escola, na multiplicidade de referências educativas, na perspectiva multicultural, essas práticas precisam dialogar com o diferente, com o único, com o momento, com o novo.

A Pedagogia precisa de mecanismos para dialogar com a instabilidade e a urgência das circunstâncias que se apresentam à educação, à escola, aos professores. Assim, precisa investir na formação de pessoas, na formação de diferentes olhares que interpretem a realidade, nas subjetividades presentes nos processos sociais, nas contradições inerentes à existência coletiva. Não basta à Pedagogia oferecer modos de fazer. É preciso oferecer modos de pensar e sentir, formas de criar e adaptar, perspectivas para saber lidar com processos que se organizam e se desconstroem a cada momento.

Ao me perguntar o que pode a Pedagogia oferecer como fundamentos à prática docente, vejo a oportunidade de realçar que essa ciência não pode funcionar sozinha na direção da organização/concretização da educação em determinada sociedade. Outras demandas emergem: como estão organizadas as escolas, onde a Pedagogia e os docentes vão prioritariamente atuar? Como se estão organizando a vida e a existência dos trabalhadores da escola, onde a educação, tal qual desejada pela comunidade, vai realizar-se? Como as escolas estão sendo preparadas para atuar com as classes populares, minorando um pouco as enormes dificuldades culturais e econômicas dessa classe social? Como estão organizando suas equipes pedagógicas, para poderem lidar com as dificuldades de construção de sentidos positivos para a educação numa sociedade que preza a lógica capitalista? Como a escola dispõe de recursos para lidar com as contradições impostas por essa lógica?

São questões ainda iniciais, mas suficientes para poder afirmar que a Pedagogia sozinha não faz milagres. Sabe-se, observa-se que um professor pode desempenhar brilhante papel educativo numa escola e, em outra, não conseguir trabalhar adequadamente, ainda que muito bem formado. Essa boa ou má atuação docente está relacionada a condições favoráveis/desfavoráveis à concretização do ensino.

Não existe possibilidade de êxito em iniciativas – muito em voga em nosso país – baseadas na crença de que cursos avulsos formam pedagogicamente o docente: retira-se o professor da escola, dá-se-lhe um *banho de pedagogia* e espera-se que ele comece a trabalhar melhor! Esse é um equívoco enorme! As condições pedagógicas fazem-se pelas condições/contradições de vida e existência dos sujeitos, dos *espaços/tempos* onde a educação se realiza, da dinâmica que envolve e cria o coletivo educacional, das subjetividades que vão construindo o sentido de ensinar/aprender na sociedade, entre outras. A Pedagogia só poderá ser interpretada e vivida na condição da totalidade!

Assim penso nas possibilidades da Pedagogia quando ouço um professor expressar-se com palavras como estas:

> *Não consigo dar aulas... Preparo tudo bem preparado, busco assunto novo e relevante, conheço a matéria que dou, mas os alunos não têm o menor interesse por nada; não querem pensar e acham que a leitura de um texto de base é uma perda de tempo, nada os interessa, nada os motiva... O que a pedagogia me sugere?* (Vinícius, professor de primeiro ano do ensino superior, curso de Engenharia).

Percebe-se na angústia do professor que ele não pode resolver o problema sozinho, assim como a Pedagogia não tem receitas para criar desejos, motivações e vontade de aprender. A questão é mais complexa; por isso são muito relevantes os estudos de Bernard Charlot (2009, p. 270) sobre a falta de sentido com que o jovem convive na escola. O autor pondera que grande parte dos jovens nunca entrou no universo cognitivo e simbólico da escola e assim afirma: *"Não basta abrir as portas da instituição, também é preciso entregar as chaves aos jovens de meios populares"*. No entanto, essa chave nem sempre está disponível. Diz Charlot que o ideal é que a disciplina se torne interessante e o professor seja considerado interessante, mas como fazê-lo? Isso não ocorre por mágica, mas por circunstâncias que se organizam e permitem algumas compreensões:

> *"É interessante" remete à realidade para uma configuração de processos articulados, que funciona como um sistema de equivalências causais – entendendo-se por isto um sistema em que a presença de um elemento tende a produzir os seus equivalentes e assim reciprocamente* (2009, p. 269).

<small>Em referência à fala do aluno de que a disciplina é interessante.</small>

Muitas vezes, diz Charlot, o aluno, sendo obrigado a estudar para um exame da disciplina, por exemplo, descobre o prazer e as possibilidades de aprender. Outras vezes, digo eu, uma atividade de monitoria pode fazer esse papel de desencadeador das percepções que levam ao desejo de aprender. Outras vezes um trabalho especial de pesquisa; outras vezes uma chamada oral em sala de aula; outras vezes uma atenção especial do professor; outras vezes...

O importante a considerar é que não há receitas, mas há sempre algo a fazer. O que diz a Pedagogia? Diz que o diálogo é fundamental para criar sentido para o que se vai aprender. Por sua vez, o sentido cria esferas de diálogo! Mas diz também que sentido e diálogo são fundamentais para quem vai ensinar, para o professor, para o pedagogo que vai organizar as condições de ensino-aprendizagem!

Para estabelecer o diálogo pedagógico, é preciso olhar a situação, reconhecê-la, tentar de novo, significá-la de outra forma... No entanto, o professor não pode fazer nada sozinho. Se, em uma instituição, os alunos percebem que o professor é desrespeitado, que sua voz vale pouco, que tem medo de ser despedido, então fica mais difícil criar novo sentido para o aprender e também para o ensinar. As atividades de ensinar e de aprender parecem estar, nesse caso, subjugadas a outros parâmetros institucionais, possivelmente mais importantes que o próprio processo de ensino-aprendizagem!

Quero enfatizar que a Pedagogia não oferece ao professor apenas ideias ou teorias; oferece também uma perspectiva, uma forma de olhar criticamente as práticas educativas, interpretando-as e dando-lhes uma direção de sentido. A Pedagogia produz as práticas e confere-lhes sentido.

Quem lê/ouve algum dos pedagogos aqui discutidos concebe e vislumbra uma série de sentidos para a prática: o ensino está sendo conduzido como prática social?, alerta Saviani. As condições pedagógicas e didáticas de sala de aula estão sendo respeitadas?, indigna-se Libâneo. Os professores têm condições adequadas de formação e carreira, a fim de entrarem em processos de profissionalização?, pergunta Pimenta. Charlot, por sua vez, sempre nos pergunta: qual é o sentido das práticas vivenciadas na escola? Da mesma forma, Meirieu adverte-nos: as relações professor-aluno devem ser permeadas por respeito, disciplina e diálogo. Esses autores fazem mais do que lançar ideias: organizam pensamentos e práticas com base na própria prática, ouvindo, compreendendo e interpretando seus protagonistas por meio de escutas sensíveis e do diálogo.

Nossos pedagogos clássicos ajudam-nos a saber como nossos antepassados construíram respostas às necessidades de educação em suas épocas. Construíram referências e utopias que permanecem sacudindo e reinterpretando nossas práticas.

Paulo Freire (1982; 1985; 2003; 2008) sempre nos falou de sentido e diálogo. Como nossas políticas públicas se estão utilizando dos sentidos expressos nas obras de Freire? Os professores estão sendo ouvidos? Há espaços de participação coletiva? Como tem sido interpretado o pedagógico das escolas?

Temos percebido o sentido esvair-se das práticas pedagógicas cotidianas. Muita preocupação dos órgãos diretivos da educação com as avaliações externas, e muito pouco sentido sendo construído nas condições de trabalho, vida e existência de nossos docentes e alunos. As escolas não estão conseguindo libertar-se da lógica avaliadora, e os espaços para adequação/criação/invenção de novos modos de fazer, pedagogicamente produtivos, estão desaparecendo.

A Pedagogia está sendo amordaçada. Onde não existe espaço para o diálogo, para as construções coletivas, para a construção de dispositivos pedagógicos diferenciados, artesanais, adequados a cada situação, não existirá possibilidade pedagógica!

Como realça Meirieu, a leveza é a característica da epistemologia da Pedagogia; sem ela a Pedagogia não fluirá, não encontrará espaço para dialogar com a prática docente e criar sentido para ela.

Por outro lado, sem a Pedagogia, contornando situações, criando espaços de possibilidade, inovando e realizando contínua vigilância crítica, a educação apequenar-se-á e não terá espaço para ser a prática social de criação de sentidos e de construção da humanidade.

Quando afirmo que sem Pedagogia não há possibilidade educativa, quero dizer: sem participação; sem a construção de sentidos coletivos; sem partilha de saberes; sem condições de *espaço/tempo* que respeite a dignidade humana; sem espaços formativos adequados; sem articulações de sentido entre vida e escola; sem condições mínimas de convivência democrática... perderemos a capacidade educativa e apenas conseguiremos executar atividades domesticadoras, que não alforriam o sujeito, não criam humanidade, não educam em sentido pleno.

Para deixar ainda um pouco mais explícito: Pedagogia não se resume a métodos de ensinar nem a formas de planejar e decodificar as tarefas de ensino, tampouco a teorias construídas. Pedagogia é mais que isso: é criar condições e possibilidades para que a educação se realize, produzindo, por meio do *diálogo pedagógico,* sentido e humanidade nas relações, nos processos, nos protagonistas, nas práticas pedagógicas. Essa é sua maneira de fundamentar a prática e tentar, por meio de processos de ensino, formar pessoas e criar novos sentidos.

A Pedagogia como ciência requer a articulação de sua epistemologia com seus saberes, teorias e práticas. Para compreender as práticas e construir saberes, essa ciência requer investigações com os protagonistas e suas práticas e, para transformá-las, requer igualmente a partilha de interpretações com os sujeitos participantes e o filtro iluminador das teorias. Estas se fazem e se refazem à medida que entram em confronto e diálogo com a prática.

O mal-estar que hoje afeta a Pedagogia pode, em parte, ser compreendido pela ausência da necessária articulação entre as dimensões inerentes à cientificidade dessa ciência (FRANCO; LIBÂNEO; PIMENTA, 2008a), a saber: dimensão epistemológica, dimensão prática e dimensão teórica. A Pedagogia tem sido tratada sem consideração à sua epistemologia; sem apreço às suas práticas; sem dar realce aos saberes organizados, sem cuidado com as teorias já propostas. Abatida em sua espinha dorsal, ela tem sido vista de forma banalizada, sendo identificada com discursos sobre a prática e/ou com meras prescrições metodológicas.

Nosso futuro depende de uma pedagogia do sujeito, de uma pedagogia da escola e de uma pedagogia da sociedade que possam participar da criação de sentido para a convivência coletiva dos homens, testando e confirmando nossa possibilidade de viver juntos!

Evidenciei um amálgama de remanescências impregnadas na subjetividade pedagógica, tal qual a identificamos hoje. Essas remanescências estão aí, como sementes, prontas a desabrochar, transformar e ser transformadas. O espaço para a Pedagogia atuar como prática social parece hoje diminuto; mas isso não significa impossibilidade, apenas tempo de germinar!

BIBLIOGRAFIA

Bibliografia

AMARAL, M. J.; MOREIRA, M. A.; RIBEIRO, D. O papel do supervisor no desenvolvimento do professor reflexivo: estratégias de supervisão. In: ALARCÃO, I. (Org.) et al. *Formação reflexiva de professores*: estratégias de supervisão. Porto (Portugal): Porto Editora, 1996. p. 89-122.

BARBIER, René. *A pesquisa-ação*. Tradução de Lucie Didio. Brasília: Plano, 2002.

BEZERRA, Ciro; PAZ DA SILVA, Sandra Regina. Mercadorização e precarização do trabalho docente: contradições. In: SEMINÁRIO DA REDESTRADO: Regulação Educacional e Trabalho Docente, 6., 2006. *Anais...* Rio de Janeiro: Uerj, 2006.

BUGNARD, P.-Ph. L'histoire scolaire occidentale est-elle tributaire d'héritages modernes ou de modernités héritées? In: SYMPOSIUM EUROPE-AMÉRIQUES: L'éducation entre Héritages et Modernité, 2008, Waldersbach. *Actes...* Waldersbach: Université de Rouen: Musée Oberlin, 2008.

CAMBI, Franco. *História da Pedagogia*. São Paulo: Unesp, 1999.

CANDAU, V. M. Memória(s), diálogos e buscas: aprendendo e ensinando Didática. In: _____ (Org.). *Didática*: questões contemporâneas. Rio de Janeiro: Forma & Ação, 2009.

CARR, W.; KEMMIS, S. *Becoming critical*: education, knowledge and action research. Philadelphia: Falmer, 1986.

CARVALHO, Márcia Cavalchi de. *A prática docente do professor de Matemática e o sistema apostilado de ensino do Estado de São Paulo*. 2011. Dissertação de mestrado – Universidade Católica de Santos, Santos, 2011.

CERTEAU, Michel de. *A invenção do cotidiano*: artes de fazer. Petrópolis: Vozes, 2001. (Originalmente publicado em língua francesa em 1980.)

CHARLOT, Bernard. *A relação com o saber nos meios populares*: uma investigação nos liceus profissionais de subúrbio. Porto: FPCEUP: Livpic, 2009.

_____. O professor na sociedade contemporânea: um trabalhador da contradição. *Revista da Faeeba: Educação e Contemporaneidade*, Salvador, v. 17, n. 30, p. 17-31, jul./dez. 2008.

_____. A pesquisa educacional entre conhecimentos, políticas e práticas: especificidades e desafios de uma área de saber. *Revista Brasileira de Educação*, Rio de Janeiro, v. 11, n. 31, p. 7-18, jan./abr. 2006.

_____. *Relação com o saber, formação de professores e globalização*. Porto Alegre: Artes Médicas, 2005.

_____. Formação de professores: a pesquisa e a política educacional. In: PIMENTA, S. G.; GHEDIN, E. (Org.). *Professor reflexivo no Brasil*: gênese e crítica de um conceito. São Paulo: Cortez, 2002a.

_____. Relação com a escola e o saber nos bairros populares. *Perspectiva*, Florianópolis, v. 20, número especial, p. 17-34, jul./dez. 2002b.

_____. *Da relação com o saber*: elementos para uma teoria. Tradução de Bruno Magne. Porto Alegre: Artmed, 2000.

_____. *Les sciences de l'éducation*: un enjeu, un défi. Paris: ESF, 1995.

CHARLOT, Bernard. *A mistificação pedagógica*: realidades sociais e processos pedagógicos na teoria da educação. 2. ed. Rio de Janeiro: Guanabara, 1986a.

_____. Idéologies et pratiques dans la formation des enseignants scientifiques. In: FOUREZ, G. (Ed.). *Construire une éthique de l'enseignement scientifique?* Namur: Presses Universitaires de Namur, 1986b. p. 167-176.

_____. Recherche, formation et apprentissage. *Dialogue*, Paris, n. 48, 1984.

CHAVES, M. W. A afinidade eletiva entre Anísio Teixeira e Dewey. *Revista Brasileira de Educação*, Rio de Janeiro: Anped, n. 11, p. 86-98, maio-jul. 1999.

CLAPARÈDE, E. *A educação funcional*. São Paulo: Nacional, 1958.

COMÉNIO, Jan Amós. *Didáctica magna*. 4. ed. Lisboa: Fundação Calouste Gulbenkian, 1992.

CONTRERAS, José. *Autonomia de professores*. São Paulo: Cortez, 2002.

COREA, Cristina. El agotamiento de la subjetividad pedagógica. In: _____; LEWKOWICZ, Ignacio. *Pedagogía del aburrido*. Buenos Aires: Paidós, 2010. p. 41-70.

COSTA, Marisa Vorraber; MOMO, Mariangela. *Crianças que vão à escola no século XXI*: elementos para se pensar uma infância pós-moderna. 2009. <http://www.anped.org.br/reunioes/32ra/arquivos/trabalhos/GT07-5886—Int.pdf>. Acesso em: 21 abr. 2012.

COVELLO, Sergio Carlos. *Comenius*: a construção da Pedagogia. São Paulo: Sejac, 1991.

DELEUZE, Gilles. *Diferença e repetição*. Tradução de Luiz Orlandi e Roberto Machado. Rio de Janeiro: Graal, 2006.

DINIZ-PEREIRA, J.; ZEICHNER, K. *A pesquisa na formação e no trabalho docente*. São Paulo: Autêntica, 2002.

EL ANDALOUSSI, Khalid. *Pesquisas-ações*: ciências, desenvolvimento, democracia. São Carlos: Edufscar, 2004.

ELLIOT, J. *La investigación-acción en educación*. Madrid: Morata,1985.

FERRIÈRE, Adolphe. *L'école active*. 3. ed. Genève: Forum, 1926.

FRANCO, Maria Amélia Santoro. *Observatório da prática docente*. Relatório CNPq, São Paulo, 2010a.

_____. Pesquisa-ação: a produção partilhada de conhecimento. *Revista Unopar Científica: Ciências Humanas e Educação,* Londrina, v. 11, n. 1, jun. 2010b.

_____. Entre a lógica da formação e a lógica das práticas: a mediação dos saberes pedagógicos. *Educação e Pesquisa,* São Paulo: USP, v. 34, p. 109-126, 2008.

_____. Saberes pedagógicos e prática docente. In: ENDIPE: Educação Formal e não Formal, Processos Formativos e Saberes Pedagógicos, 13., 2006a, Recife. *Anais...* Recife: Bagaço, 2006a. v. 1, p. 27-50.

_____. Entre a lógica da formação e a lógica das práticas: a mediação dos saberes pedagógicos. In: REUNIÃO ANUAL DA ANPED: Sessão Especial, 29., 2006b, Caxambu. *Anais...* Caxambu, 2006b. 1 CD.

_____. *A Pedagogia como ciência da educação*. 2. ed. rev. e ampl. Campinas: Cortez, 2005a.

_____. Coordenação pedagógica: uma práxis em busca de sua identidade. *Educativa*-Revista do Departamento de Educação da UCG, Goiânia, v. 8, n. 1, p. 125-138, jan./jul. 2005b.

_____. Pedagogia da pesquisa-ação. *Revista Educação e Pesquisa,* São Paulo: USP, v. 31, n. 3, set./dez. 2005c.

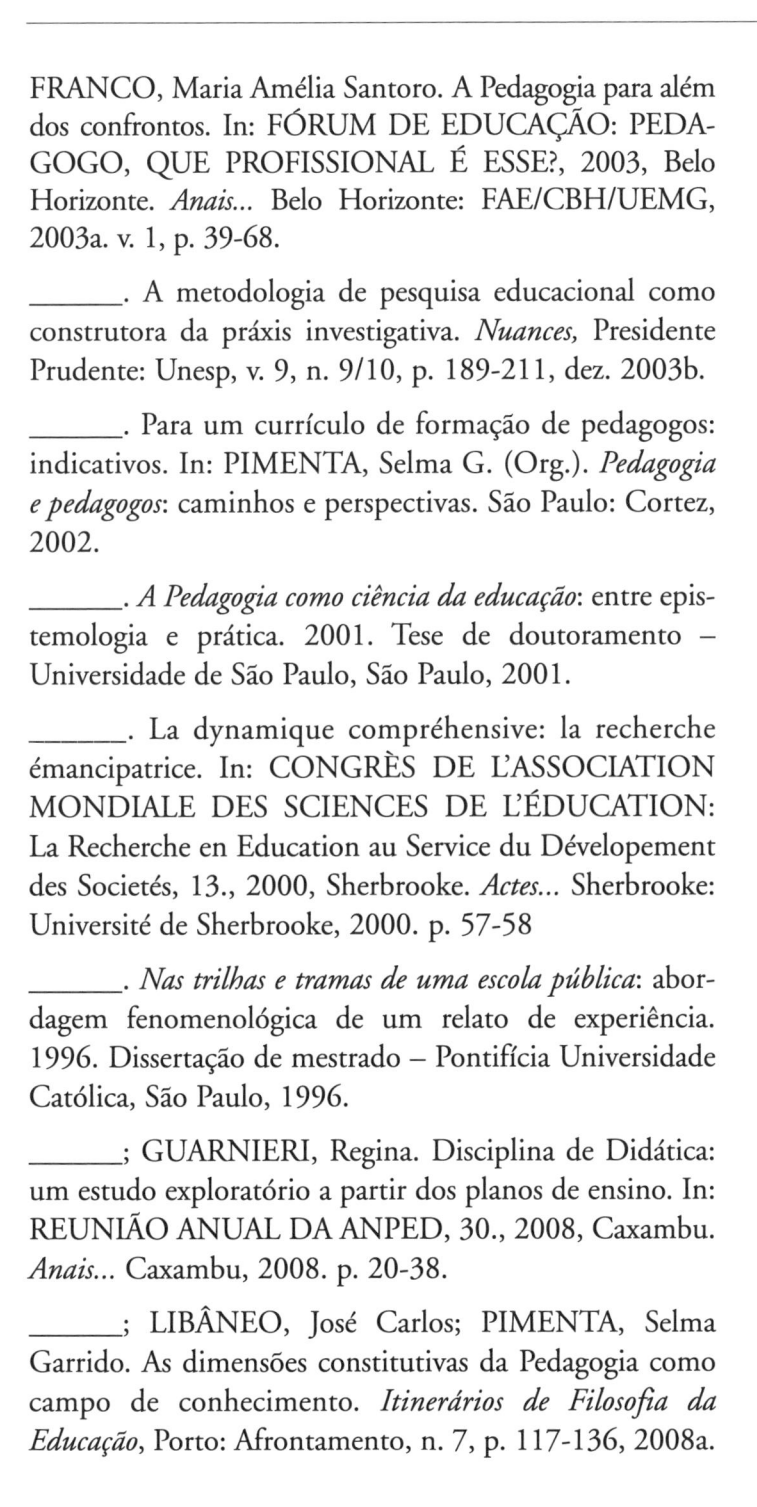

FRANCO, Maria Amélia Santoro. A Pedagogia para além dos confrontos. In: FÓRUM DE EDUCAÇÃO: PEDAGOGO, QUE PROFISSIONAL É ESSE?, 2003, Belo Horizonte. *Anais...* Belo Horizonte: FAE/CBH/UEMG, 2003a. v. 1, p. 39-68.

_____. A metodologia de pesquisa educacional como construtora da práxis investigativa. *Nuances,* Presidente Prudente: Unesp, v. 9, n. 9/10, p. 189-211, dez. 2003b.

_____. Para um currículo de formação de pedagogos: indicativos. In: PIMENTA, Selma G. (Org.). *Pedagogia e pedagogos*: caminhos e perspectivas. São Paulo: Cortez, 2002.

_____. *A Pedagogia como ciência da educação*: entre epistemologia e prática. 2001. Tese de doutoramento – Universidade de São Paulo, São Paulo, 2001.

_____. La dynamique compréhensive: la recherche émancipatrice. In: CONGRÈS DE L'ASSOCIATION MONDIALE DES SCIENCES DE L'ÉDUCATION: La Recherche en Education au Service du Dévelopement des Societés, 13., 2000, Sherbrooke. *Actes...* Sherbrooke: Université de Sherbrooke, 2000. p. 57-58

_____. *Nas trilhas e tramas de uma escola pública*: abordagem fenomenológica de um relato de experiência. 1996. Dissertação de mestrado – Pontifícia Universidade Católica, São Paulo, 1996.

_____; GUARNIERI, Regina. Disciplina de Didática: um estudo exploratório a partir dos planos de ensino. In: REUNIÃO ANUAL DA ANPED, 30., 2008, Caxambu. *Anais...* Caxambu, 2008. p. 20-38.

_____; LIBÂNEO, José Carlos; PIMENTA, Selma Garrido. As dimensões constitutivas da Pedagogia como campo de conhecimento. *Itinerários de Filosofia da Educação,* Porto: Afrontamento, n. 7, p. 117-136, 2008a.

FRANCO, Maria Amélia Santoro; LIBÂNEO, José Carlos; PIMENTA, Selma Garrido. Les dimensions constitutives de la pedagogie en tant que domaine de la connaissance. In: SYMPOSIUM EUROPE-AMÉRIQUES: L'Éducation entre Héritages et Modernité, 2008b, Waldersbach. *Actes...* Waldersbach: Université de Rouen: Musée Oberlin, 2008b. 1 CD.

_____; _____; _____. Elementos para a formulação de diretrizes para cursos de Pedagogia. *Cadernos de Pesquisa*, São Paulo: FCC, v. 37. n. 130, p. 63-98, jan./abr. 2007.

FREIRE, Paulo. *Conscientização*: teoria e prática da libertação; uma introdução ao pensamento de Paulo Freire. São Paulo: Cortez, 2008.

_____. *Educação como prática da liberdade*. 27. ed. Rio de Janeiro: Paz e Terra, 2003.

_____. *Pedagogia do oprimido*. Rio de Janeiro: Paz e Terra, 1985.

_____. Criando métodos de pesquisa alternativa: aprendendo a fazê-lo melhor através da ação. In: BRANDÃO, Carlos Rodrigues. *Pesquisa-participante*. São Paulo: Brasiliense, 1982.

GASPARIN, J. L. *Uma didática para a pedagogia histórico-crítica*. 3. ed. Campinas: Autores Associados, 2005.

GAUTHIER, Clermont; TARDIF, Maurice. *A Pedagogia*: teorias e práticas da Antiguidade aos nossos dias. Petrópolis: Vozes, 2010.

GHEDIN, E. Professor reflexivo: da alienação da técnica à autonomia da crítica. In: PIMENTA, S. G.; GHEDIN, E. *Professor reflexivo no Brasil*: gênese e crítica de um conceito. São Paulo: Cortez, 2002. p. 129-149.

HABERMAS, Jürgen. *Connaissance et intérêt*. Paris: Gallimard, 1992.

HOUSSAYE, J. et al. *Manifesto a favor dos pedagogos*. Porto Alegre: Artmed, 2004.

_____. (Org.). *La Pédagogie*: une encyclopédie pour aujourd'hui. Paris: ESF, 1993.

_____. *Theorie et pratiques de l'education scolaire*. Paris: P. Lang, 1988.

IMBERT, Francis. *Para uma práxis pedagógica*. Brasília: Plano, 2003.

KINCHELOE, Joe L. *A formação do professor como compromisso político*: mapeando o pós-moderno. Porto Alegre: Artes Médicas, 1997.

KUENZER, Acácia Zeneida (Org.). *Ensino médio*: construindo uma proposta para os que vivem do trabalho. 4. ed. São Paulo: Cortez, 2005.

LAVOIE, L.; MARQUIS, D.; LAURIN, P. *La recherché--action*: théorie et pratique. Manuel d'autoformation. Québec: Université du Québec, 1996.

LEAL, Armando Zambrano. *La pédagogie chez Philippe Meirieu – trois moments de sa pensée*: apprentissages, philosophie et politique. Paris: Université Paris 8, 2008.

LEWIN, K. *Problemas de dinâmica de grupo*. São Paulo: Cultrix, 1970.

_____. Action research and minority problems. *Journal of Social Issues*, New York, v. 2, n. 4, p. 33-34, 1946. Artigo reapresentado em: LEWIN, K. *Resolving social conflicts*. New York: Harpers and Brothers, 1948.

LIBÂNEO, José Carlos. Docência universitária: formação do pensamento teórico-científico e a atuação nos motivos dos alunos. In: D'ÁVILA, Cristina (Org.). *Ser professor na contemporaneidade*: desafios, ludicidade e protagonismos. Curitiba: CRV, 2009.

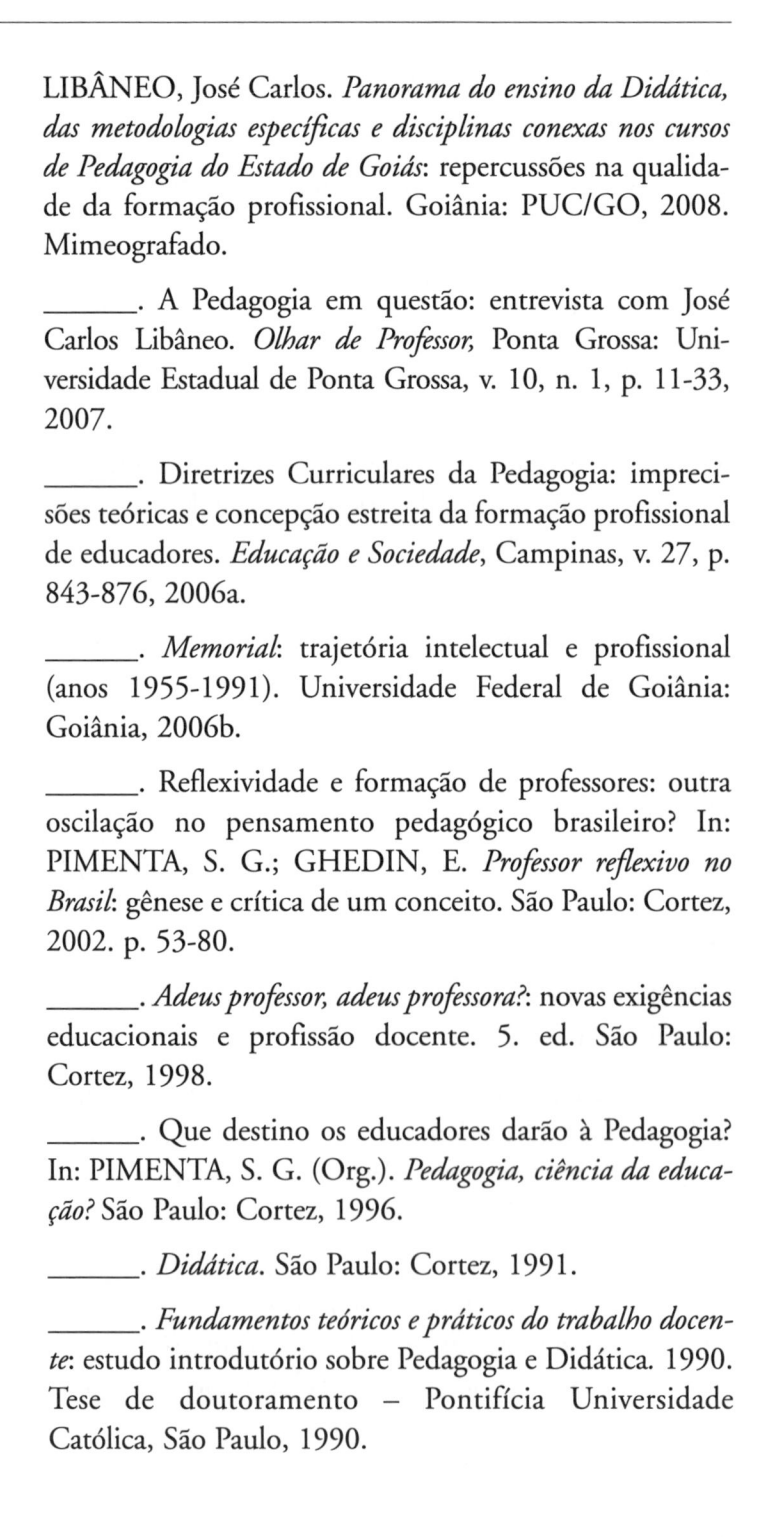

LIBÂNEO, José Carlos. *Panorama do ensino da Didática, das metodologias específicas e disciplinas conexas nos cursos de Pedagogia do Estado de Goiás*: repercussões na qualidade da formação profissional. Goiânia: PUC/GO, 2008. Mimeografado.

_____. A Pedagogia em questão: entrevista com José Carlos Libâneo. *Olhar de Professor,* Ponta Grossa: Universidade Estadual de Ponta Grossa, v. 10, n. 1, p. 11-33, 2007.

_____. Diretrizes Curriculares da Pedagogia: imprecisões teóricas e concepção estreita da formação profissional de educadores. *Educação e Sociedade*, Campinas, v. 27, p. 843-876, 2006a.

_____. *Memorial*: trajetória intelectual e profissional (anos 1955-1991). Universidade Federal de Goiânia: Goiânia, 2006b.

_____. Reflexividade e formação de professores: outra oscilação no pensamento pedagógico brasileiro? In: PIMENTA, S. G.; GHEDIN, E. *Professor reflexivo no Brasil*: gênese e crítica de um conceito. São Paulo: Cortez, 2002. p. 53-80.

_____. *Adeus professor, adeus professora?*: novas exigências educacionais e profissão docente. 5. ed. São Paulo: Cortez, 1998.

_____. Que destino os educadores darão à Pedagogia? In: PIMENTA, S. G. (Org.). *Pedagogia, ciência da educação?* São Paulo: Cortez, 1996.

_____. *Didática*. São Paulo: Cortez, 1991.

_____. *Fundamentos teóricos e práticos do trabalho docente*: estudo introdutório sobre Pedagogia e Didática. 1990. Tese de doutoramento – Pontifícia Universidade Católica, São Paulo, 1990.

LIBÂNEO, José Carlos. *Pedagogia e pedagogos, para quê?* São Paulo: Cortez, 1988.

_____. *A prática pedagógica de professores da escola pública*. 1984. Dissertação de mestrado – Pontifícia Universidade Católica, São Paulo, 1984.

LINCOLN, Y.; GUBA, E. *Naturalistic inquiry*. California: Stage, 1985.

LUDKE, Menga. A complexa relação entre professor e pesquisa. In: ANDRÉ, Marli (Org.). *O papel da pesquisa na formação e na prática dos professores*. São Paulo: Papirus, 2001.

LUKÁCS, Georg. *Estética I*: la peculiaridad de lo estético. Questiones liminares de lo estético. Tradução castelhana de Manuel Sacristán. Barcelona: Grijalbo, 1967. v. 4.

LUZURIAGA, Lorenzo. *História da Educação e da Pedagogia*. São Paulo: Nacional, 1980.

MEIRIEU, Philippe. Prefácio da primeira edição canadense. In: GAUTHIER, C.; TARDIF, M. (Org.). *A Pedagogia*: teorias e práticas da Antiguidade aos nossos dias. Petrópolis: Vozes, 2010.

_____. *A Pedagogia entre o dizer e o fazer*: a coragem de começar. Porto Alegre: Artes Médicas, 2002.

_____. *La Pédagogie entre le dire et le faire*: le courage des commencements. Paris: ESF, 1995.

_____. *Le choix d'éduquer*: éthique et Pédagogie. Paris: ESF, 1991.

MONTEIRO, Silas B. Epistemologia da prática: o professor reflexivo e a pesquisa colaborativa. In: PIMENTA, S. G.; GHEDIN, E. *Professor reflexivo no Brasil*: gênese e crítica de um conceito. São Paulo: Cortez, 2002. p. 111-128.

MORIN, A. *Recherche-action intégrale et participation coopérative*: méthodologie et études des cas. Laval: Agence d'Arc, 1992. v. 1.

NÓVOA, António (Org.). *Profissão professor*. Porto: Porto Editora, 1999.

PIMENTA, Selma Garrido. Epistemologia da prática ressignificando a Didática. In: ENCONTRO NACIONAL DE DIDÁTICA E PRÁTICA DE ENSINO (ENDIPE): Trajetórias e Processos de Ensinar e Aprender: Lugares, Memórias e Culturas, 14., 2008, Porto Alegre. *Anais...* Porto Alegre: EDIPUCRS, 2008.

_____ (Org.). *Pedagogia e pedagogos*: caminhos e perspectivas. São Paulo: Cortez, 2002.

_____ (Org.). *Pedagogia, ciência da educação?* 3. ed. São Paulo: Cortez, 2001.

_____. Professor: formação, identidade e trabalho docente. In: _____ (Org.). *Saberes pedagógicos e atividade docente*. São Paulo: Cortez, 1999. p. 15-34.

_____. A didática como mediação na construção da identidade do professor: uma experiência de ensino e pesquisa na licenciatura. In: ANDRÉ, Marli Eliza D. A. de; OLIVEIRA, Maria Rita N. S. (Org.). *Alternativas no ensino de Didática*. Campinas: Papirus, 1997.

_____ (Org.). *Pedagogia, ciência da educação?* São Paulo: Cortez, 1996.

_____. *O estágio na formação de professores*: unidade teoria e prática? São Paulo: Cortez, 1994.

_____. *O pedagogo na escola pública*. São Paulo: Loyola, 1988.

_____ et al. A construção da Didática no GT de Didática: análise de seus referenciais. REUNIÃO

ANUAL DA ANPED, 33., 2010, Caxambu. *Anais...* Caxambu, 2010.

PIMENTA, Selma Garrido; GHEDIN, Evandro. *Professor reflexivo no Brasil*: gênese e crítica de um conceito. São Paulo: Cortez, 2002.

_____; LIMA, Maria Socorro Lucena. *Estágio e docência*. São Paulo: Cortez, 2004.

ROUSSEAU, Jean-Jacques. *Emile*. Tradução de Barbara Foxley. London: Dent, 1966.

SACRISTÁN, Gimeno. *Consciência e ação sobre a prática como libertação profissional de professores*. In: NÓVOA, António (Org.). *Profissão professor*. Porto: Porto Editora, 1999.

SAVIANI, Dermeval. *Interlocuções pedagógicas*: conversa com Paulo Freire e Adriano Nogueira e 30 entrevistas sobre educação. Campinas: Autores Associados, 2010. v. 1.

_____. *A pedagogia no Brasil*: história e teoria. Campinas: Autores Associados, 2008.

_____. *História das ideias pedagógicas no Brasil*. Campinas: Autores Associados, 2007a.

_____. *Pedagogia*: o espaço da educação na universidade. *Cadernos de Pesquisa,* São Paulo, v. 37, n. 130, jan./abr. 2007b.

_____. *Pedagogia histórico-crítica*: primeiras aproximações. 9. ed. Campinas: Autores Associados, 2005.

_____. *Pedagogia histórico-crítica*: primeiras aproximações. Campinas: Autores Associados, 1991.

_____. *Escola e democracia*. 21. ed. São Paulo: Cortez; Campinas: Autores Associados, 1983.

_____. Sentido da Pedagogia e o papel do pedagogo. *Ande-*Revista da Associação Nacional de Educação, São Paulo, n. 9, p. 27-28, 1985.

SAVIANI, Dermeval. *Educação*: do senso comum à consciência filosófica. Campinas: Autores Associados, 1980.

SCHÖN, D. À la recherche d'une nouvelle épistémologie de la pratique et de ce qu'elle implique pour l'éducation des adultes. In: BARBIER, J.-M. (Org.). *Savoirs théoriques et savoirs d'action*. Paris: PUF, 1997. p. 201-222

SÖETARD, Michel. A circulação das ideias pedagógicas: a necessária alteração dos conceitos e a perspectiva teórica de Pestalozzi na América do Norte. *Revista Educativa*, Goiânia, n. 1, v. 12, p. 11-29, jan./jun. 2009.

_____. *De la circulation des idées pédagogiques*: nécessaire altération des concepts, heureuse identité de l'idée Pestalozzi en Amérique Nord. In: SYMPOSIUM EUROPE-AMÉRIQUES: L'éducation entre Héritages et Modernité, 2008, Waldersbach. *Actes...* Waldersbach: Université de Rouen: Musée Oberlin, 2008.

_____. Ciência(s) da educação ou sentido da educação? A saída pedagógica. In: HOUSSAYE, J. et al. *Manifesto a favor dos pedagogos*. Porto Alegre: Artmed, 2004. p. 47-69.

SUCHODOLSKI, B. *A pedagogia e as grandes correntes filosóficas*. 3. ed. Lisboa: Livros Horizonte, 1984.

_____. *Teoria marxista da educação*. Lisboa: Estampa, 1976.

TEITELBAUM, Kenneth; APPLE, Michael. John Dewey. *Currículo sem Fronteiras*, v. 1, n. 2, p. 194-201, jul./dez. 2001.

TEIXEIRA, A. *Educação no Brasil*. São Paulo: Companhia Editora Nacional, 1976.

THURLER, Monica G. *Inovar no interior da escola*. Porto Alegre: Artmed, 2001.

TOURAINE, Alain. *Iguais e diferentes*: poderemos viver juntos? Petrópolis: Vozes, 1999.

TRIPP, David. Pesquisa-ação: uma introdução metodológica. *Educação e Pesquisa*-Revista da Faculdade de Educação da USP, São Paulo, v. 31, n. 3, p. 439-443, dez. 2005.

VALDEMARIN, Vera Teresa. Os sentidos e a experiência: professores, alunos e métodos de ensino. In: SAVIANI, Dermeval et. al. *O legado educacional do século XX no Brasil.* Campinas: Autores Associados, 2004.

VEIGA, Ilma Passos Alencastro. *A prática pedagógica do professor de Didática.* 2. ed. Campinas: Papirus, 1992.

ZAMBRANO LEAL, Armando. La Pedagogía en Phillipe Meirieu: tres momentos y educabilidad. *Educere*-Ideas y personajes, año 13, n. 44, p. 215-226, ene./mar. 2009.

ZANATTA, Beatriz Aparecida. O método intuitivo e a percepção sensorial como legado de Pestalozzi para a geografia escolar. *Cadernos Cedes*, Campinas, v. 25, n. 66, p. 165-184, maio/ago. 2005. Disponível em: <http://www.cedes.unicamp.br>. Acesso em: 23 mar. 2012.

ZEICHNER, K. *A formação reflexiva de professores*: ideias e práticas. Lisboa: Educa, 1993.

Maria Amélia do Rosário Santoro Franco

Pós-doutora em Pedagogia (2011), com supervisão de Bernard Charlot; doutora em Educação pela USP (2001), com orientação de Selma Pimenta; mestre em Psicologia da Educação pela PUC/SP (1996); graduada e licenciada em Pedagogia pela PUC/Camp (1968). É pesquisadora 2 do CNPq; pesquisadora do Gepefe (Grupo de Estudos e Pesquisas sobre Formação do Educador) na USP e pesquisadora na Universidade Católica de Santos, onde é também vice-coordenadora do Mestrado em Educação. Integra o Comitê Científico da Anped. Foi por mais de dez anos diretora de escola pública estadual. Possui experiência na área de educação, investigando a formação de professores com base nos seguintes recortes: a cientificidade da Pedagogia; modelos colaborativos (formativos) de investigação educacional; epistemologia da prática pedagógica e da prática docente. Possui vários livros publicados e tem-se dedicado a pesquisas sobre a epistemologia da pesquisa-ação e suas possibilidades na compreensão/transformação da prática docente.